CINÉ BOUFFE

50 RECETTES
POUR DES PETITS DÎNERS ENTRE AMIS

Virginie et Christophe Casazza

CINÉ BOUFFE

50 RECETTES POUR DES PETITS DÎNERS ENTRE AMIS

ÉDITIONS
HORS COLLECTION

Numéro d'éditeur : 430.
ISBN : 2-258-05565-2

Retrouvez-nous sur Internet : www.ed-hors-collection.tm.fr
Catalogue, jeux, informations, messagerie.

HORS-D'ŒUVRE

Tous les arts ont évoqué celui des mets. Il fallait bien que le cinéma, le septième du nombre, s'y attable à son tour. Après tout, l'art de la bouche n'est-il pas le plus vital et le plus parlant de tous ? Quand les films évoquent les plaisirs de la chère, ils font toujours saliver : du *Déjeuner de Bébé*, de Louis Lumière, premier film qui met en scène un repas, en passant par *La Grande Bouffe* où Hugo, Marcello, Michel et Philippe, quatre gourmets célibataires, décident de manger à en mourir, jusqu'à la *Cuisine américaine*, véritable ode à la gastronomie des plus grands toqués de France. C'est donc avec un plaisir gourmand que nous avons écrit ce livre, qui a longtemps mijoté, et qui présente certaines recettes que nous avons eu l'occasion de dévorer des yeux dans les salles obscures. Pour les cinégastronomes que nous sommes devenus, la nourriture est un langage qui est passé de la bouche au regard et qui mérite bien que l'on mette les petits plats dans l'écran. Alors, Silence... Moteur... Ça touille !

Ciné Bouffe est un livre qui associe deux thèmes fédérateurs : le cinéma et la cuisine. Tout au long des pages de cet ouvrage, on retrouve des scènes de films mythiques et les plats et recettes qui y sont évoqués et servis aux convives. Il est illustré de photos de plateau se rapportant à quelques-uns des films proposés. Après la ou les recettes dont il est question, on retrouve un résumé du film et un descriptif de la scène choisie. Les recettes sont accessibles à tout le monde, et faciles à réaliser, devant la télé, juste avant de regarder son film préféré.

AGNEAU À LA MENTHE

Scénario pour 6 personnes
Marinade : 24 heures
Préparation : 20 minutes
Cuisson : 1 heure

- *1 gigot d'agneau de 1,5 kg à 2 kg*
- *2 gousses d'ail*
- *4 cuillerées à soupe d'huile d'olive*
- *3 branches de romarin*
- *2 branches de thym*
- *1 cuillerée à café de moutarde à l'ancienne*
- *1 l de vin blanc sec*
- *2 échalotes*
- *30 cl de bouillon de bœuf*
- *2 cuillerées à café de vinaigre de xérès*
- *1 cuillerée à café de sucre brun en poudre*
- *1 botte de menthe*
- *sel*
- *poivre fraîchement moulu*

La veille, demandez à votre boucher de parer l'agneau. Dans un bol, mélangez les feuilles de thym et de romarin, la moutarde, 2 cuillerées à soupe d'huile d'olive et le poivre.

Badigeonnez la viande avec cette préparation. Faites mariner pendant 24 heures au frais.

Dans une marmite, faites revenir le gigot sur toutes ses faces dans 2 cuillerées à soupe d'huile d'olive.

Réservez la viande dans un plat à four et mettez 50 cl de vin et un peu de sel dans la marmite.

Portez à ébullition, laissez cuire 5 minutes et arrosez la viande avec.

Faites cuire l'agneau, thermostat 8/9 (220°) pendant 12 minutes. Puis baissez (à 180°) et laissez cuire encore 30 minutes.

Pendant ce temps préparez la sauce à la menthe. Dans une casserole, faites revenir les échalotes émincées, ajoutez le reste de vin, portez à ébullition et laissez réduire pendant 2 ou 3 minutes.

Ajoutez le bouillon de bœuf, le sucre roux et le vinaigre de xérès, laissez cuire à feu vif pendant 2 minutes. Passez la sauce au chinois.

Hachez la menthe en réservant quelques feuilles pour la décoration et ajoutez-la à la sauce.

Sortez le gigot du four et laissez-le reposer un 1/4 d'heure, debout, dans une feuille de papier d'aluminium.

TITANIC

USA. 1998

Réalisation : James Cameron
Interprètes : Leonardo DiCaprio (Jack Dawson), Kate Winslet (Rose DeWitt Bukater)
Billy Zane (Caledon Hockley), Kathy Bates (Molly Brown), Frances Fisher (Ruth DeWitt Bukater).

LE RÉSUMÉ

Jack Dawson et Rose DeWitt se rencontrent pendant le voyage inaugural du Royal Mail Steamer *Titanic* « Paquebot Courrier Royal », un bateau que tout le monde croyait insubmersible. Malgré leurs différences sociales – l'un voyage en troisième classe et l'autre en première – ils tombent follement amoureux. Mais Rose va épouser Cal, un macho, qui voit d'un mauvais œil cette rencontre. Nos deux amoureux doivent alors faire face au fiancé jaloux, mais surtout à l'iceberg que le paquebot heurte en pleine nuit. La belle histoire d'amour va prendre l'eau au rythme du navire qui sombre dans les abysses. Couronné par onze Oscars, *Titanic* est devenu l'un des plus grands films de tous les temps.

LA SCÈNE

Rose et Cal sont à table en compagnie de Ruth, la maman de Rose, de Molly Brown, une amie de Ruth, de Bruce Ismay, l'architecte qui a conçu le *Titanic*, et de Thomas Andrews, le maître constructeur. C'est le premier repas qu'ils prennent à bord. L'architecte fait le récit de la construction du vaisseau.

Un serveur :
– Que prendrez-vous pour déjeuner, Monsieur ?
Bruce :
– Je prendrai le saumon.
Rose sort une cigarette et se l'allume. Ruth, sa maman, ne peut s'empêcher de la sermonner devant les autres convives.

Ruth :
- Tu sais que ça ne me plaît pas quand tu fumes, Rose.

Cal :
- Elle le sait.

Cal arrache la cigarette des mains de Rose et s'adresse au serveur.
- Nous prendrons tous les deux de l'agneau... saignant... avec très peu de sauce menthe...

Il s'adresse à Rose :
- Vous aimez l'agneau, mon cœur ?

Molly Brown, ironique, prend la défense de Rose.

Molly :
- Vous devriez lui couper sa viande tant que vous y êtes, Cal... Qui a pensé à l'appeler le *Titanic*, c'est vous, Bruce ?

Bruce Ismay :
- Oui, c'est exact. Je voulais faire passer l'idée de grande taille. La taille signifie la stabilité, le luxe et, par-dessus tout, la force...

Rose :
- Vous connaissez le docteur Freud, monsieur Ismay ? Ses idées sur la préoccupation des hommes au sujet de la taille pourraient vous intéresser.

AÏOLI

Scénario pour 6 personnes
Préparation : 15 minutes

- *7 gousses d'ail*
- *50 cl d'huile d'olive*
- *2 jaunes d'œuf*
- *2 cuillerées à soupe de jus de citron*
- *sel*
- *poivre*

Pelez les gousses d'ail. Mettez-les dans un mortier. Salez généreusement, pilez jusqu'à obtenir une pommade. Incorporez une cuillerée à soupe d'huile en filet, et les jaunes un à un, toujours en tournant avec le pilon du mortier. Incorporez le reste d'huile en filet. La sauce doit épaissir comme pour une mayonnaise, progressivement. Salez, poivrez et ajoutez le jus de citron sans cesser de tourner. L'aïoli est prêt lorsqu'il retient à la verticale le pilon au centre du mortier.

MARIUS ET JEANNETTE

France. 1997

Réalisation : Robert Guédiguian
Interprètes : Ariane Ascaride (Jeannette), Gérard Meylan (Marius), Jean-Pierre Darroussin (Dédé), Jacques Boudet (Justin), Frédérique Bonnal (Monique).

LE RÉSUMÉ

Marseille, les quartiers Nord, l'Estaque. Marius et Jeannette se rencontrent, s'engueulent, se plaisent et s'aiment. Au premier abord, une histoire simple et, pourtant, tous les deux, cabossés par la vie, se méfient... Autour d'eux, il y a les enfants, les voisins, les amis, complices du quotidien... Présenté comme un conte des temps modernes, *Marius et Jeannette* est une histoire d'amour formidable, drôle et touchante, aux accents pleins de soleil et de vérité.

LA SCÈNE

Marius, Dédé et Justin sont en train de préparer l'incontournable aïoli de Marseille. Dédé est en train d'essayer de la monter comme on monte une mayonnaise.

Dédé :
– Où elle a vu qu'on mettait du fenouil dans l'aïoli ?
Marius :
– Et si ça y plaît, le fenouil !
Justin :
– Attention, la vraie recette de l'aïoli, c'est des haricots verts, des carottes, des patates, du chou-fleur, œufs durs, baccala* et basta.

* Baccala : morue.

Dédé :

– Eh… bien sûr !

Marius :

– Et vous me faites rire… Et si ça y plaît le fenouil, on s'en fout de la recette !

Dédé :

– Elle a qu'à y mettre des radis aussi !

Marius :

– Et pourquoi pas ?

Dédé :

– Eh ! Ne me regarde pas… Tu le fais tomber.

Justin :

– Non, tu « la » fais tomber.

Dédé :

– Quoi ?

Justin :

– Eh ben oui, attention… Toi… toi, tu dis un aïoli, on dit pas un aïoli… on dit une aïoli.

Dédé :

– Moi je dis comme je veux, et me parle pas, tu le fais tomber.

Justin :

– Oh ! Putain, tu vas voir si moi je la monte, moi, hé, tu peux faire ce que tu veux autour, tu peux faire la danse du scalp, le grand écart, tu verras, elle monte.

Dédé :

– Oh ! les vieux… Il faudrait les tuer dès la naissance.

Marius :

– Ah çà ! Ça, c'est méchant.

Dédé :

– Oh ! C'est pour rigoler.

Marius :

– C'est méchant.

Justin :

– Oh !… Tourne, tourne, tourne !

Dédé :

– Je tourne… J'arrête pas !

BEIGNETS DE TOMATES VERTES

Scénario pour 6 personnes
Préparation : 30 minutes
Cuisson : 10 minutes

- *6 belles tomates vertes coupées en rondelles de 5 mm*
- *1 tasse de farine*
- *1 blanc d'œuf*
- *1 cuillerée à soupe d'huile*
- *1 verre de lait*
- *huile pour friture*
- *sel*
- *poivre du moulin*

Montez le blanc en neige, incorporez la farine, le lait et l'huile. Mélangez délicatement avec un fouet. Trempez les tranches de tomates, salées et poivrées, dans cette préparation. Chauffez l'huile à friture et jetez-y les tomates. Laissez dorer sur les deux faces. Disposez ces beignets sur du papier absorbant et salez au sel fin.

BEIGNETS DE TOMATES VERTES

Fried Green Tomatoes at the Whistle Stop Café. USA. 1991

Réalisation : John Avnet
Interprètes : Mary Stuart Masterson (Idgie), Mary-Louise Parker (Ruth), Kathy Bates (Evelyn), Jessica Tandy (Ninny).

LE RÉSUMÉ

Dans une petite ville d'Alabama, Evelyn mène une existence monotone. Lorsqu'elle sort de chez elle, c'est pour rencontrer, dans un club de femmes, d'autres ménagères aussi insatisfaites qu'elle, ou pour accompagner son mari dans une maison de retraite voir une vieille parente. C'est là que tout commence. Elle rencontre Ninny, une extraordinaire, attachante et généreuse mamie de 84 ans qui va lui raconter la saga d'Idgie et de Ruth. Cette histoire va ouvrir de nouveaux horizons à Evelyn et bouleverser le sens de son existence.

LA SCÈNE

Idgie et Ruth ont décidé d'ouvrir un restaurant le long d'une voie ferrée, le *Whistle Stop Café*. Une gargote qui a pour spécialité les beignets de tomates vertes. Avant d'ouvrir, nos deux amis s'entraînent à préparer les fameux beignets qui devraient faire leur gloire et leur fortune.

BŒUF BOURGUIGNON

Scénario pour 4 personnes
Préparation : 20 minutes
Cuisson : 2 heures 45

- *800 g de bœuf*
- *100 g de lard de poitrine non fumé*
- *50 g de margarine*
- *2/3 de l de vin rouge*
- *2 oignons*
- *1 gousse d'ail*
- *1 cuillerée à soupe de farine*
- *1 bouquet garni*
- *250 g de champignons de Paris*
- *1 bouquet de persil haché*
- *sel*
- *poivre*

Faites roussir la viande et le lard dans la margarine. Ajoutez les oignons, saupoudrez de farine, laissez dorer un instant après avoir mélangé.
Mouillez avec le vin rouge, qui doit couvrir la viande, salez, poivrez.
Ajoutez le bouquet et l'ail. Couvrez, laissez cuire doucement 2 h 30.
Lavez les champignons et coupez-les en lamelles ; faites les sauter à feu vif, 3 minutes, puis ajoutez-les à la viande juste avant de servir.
Saupoudrez de persil haché.

VICTOR VICTORIA

USA. 1982

Réalisation : Blake Edwards
Interprètes : Julie Andrews (Victoria), James Garner (King Marchan), Robert Preston (Toddy), Lesley Ann Warren (Norma), Alex Karras (Squash).

LE RÉSUMÉ

Paris 1934. Malgré une voix exceptionnelle, Victoria, chanteuse de cabaret, ne trouve pas de contrat et erre affamée et sans le sou. Elle déambule dans les rues de Paris et fait la connaissance de Carroll Todd, un homosexuel vieillissant, qui vient d'être congédié du cabaret où il se produisait pour y avoir déclenché une rixe. Celui-ci lui offre l'hospitalité et entreprend de transformer la jeune femme en un séduisant jeune homme. Victoria devient Victor, et c'est sous les traits d'un comte polonais homosexuel qu'elle remonte sur les planches. Elle devient alors la coqueluche de Pigalle et du gay Paris.

LA SCÈNE

Victoria est au restaurant quand Carroll Todd fait son entrée. Victoria l'invite à sa table. Elle lui confie qu'elle n'a pas mangé depuis quatre jours et qu'elle n'a pas un liard pour payer son repas.

Carroll :
- Et vous m'invitez quand même à dîner ?

Mlle Grant :
- Je veux que vous fassiez le meilleur repas de toute votre vie... Double menu... J'ai ouvert le feu avec un poulet rôti et je continue avec un bœuf bourguignon... Je n'ai pas la moindre idée de ce qui viendra ensuite...

Carroll :
- Disons trente jours de prison sans sursis...

Mlle Grant :
- Si tout va bien, j'ai l'intention de sortir d'ici pauvre mais rassasiée. J'ai une bête dans mon sac à main et, au moment approprié, elle s'ébattra dans ma salade !

Carroll :
- Ça ne prendra pas !

Mlle Grant :
- Une bête dans ma salade ?

Carroll :
- Ce qui ferait de l'effet dans cette baraque... c'est qu'il n'y ait aucune bête dans la salade...

BORTSCH

Scénario pour 6 personnes
Préparation : 20 minutes
Cuisson : 1 heure

- *125 g de lard fumé*
- *125 g de carottes*
- *125 g de navets*
- *2 poireaux*
- *1 petit chou rouge*
- *250 g de betterave rouge cuite au four*
- *1 cuillerée à café de vinaigre*
- *1 cube de bouillon instantané*
- *7 cuillerées à soupe de crème fraîche*
- *2 l d'eau*

Couper tous les légumes en julienne et jetez-les dans une marmite avec le lard coupé en dés. Recouvrez le tout de 2 litres d'eau froide, légèrement salée. Couvrez et faites cuire à petit feu pendant 1 heure. 10 minutes avant de servir, ajoutez les betteraves hachées, le cube de bouillon délayé dans un peu d'eau bouillante et le vinaigre.
Dans chaque assiette, déposez une cuillerée de crème fraîche et versez le potage.

LE BAL DES VAMPIRES

The Fearless Vampire Killers. Grande-Bretagne. 1967

Réalisation : Roman Polanski
Interprètes : Jack Mac Gowran (Abronsius), Roman Polanski (Alfred), Sharon Tate (Sarah).

LE RÉSUMÉ

Accompagné d'Alfred, son disciple, Abronsius arrive en Transylvanie pour étudier les vampires. Au château de Krolock, il découvre un hôte étrange qui a enlevé Sarah, une jeune fille du village voisin. Cet homme n'est autre que le comte Dracula, prince des vampires. Nos deux amis, en tentant de sauver la fille, vont finir dans les griffes de ce monstre dont le noir dessein est de les servir comme repas à la réunion annuelle des vampires. Ils parviennent pourtant à fuir les canines de notre sanguinaire, mais Sarah a déjà été vampirisée et ils emportent dans leur traîneau ce qu'ils voulaient combattre.

LA SCÈNE

Au début de ce film d'horreur comique, Abronsius descend en Transylvanie. Il a réservé une chambre dans l'auberge de Yona Chagal. La trouvant truffée d'ail, il s'en inquiète lors du dîner. Mais Yona, voulant cacher la présence des vampires dans la région, tente de détourner son attention en vantant les mérites de son bortsch maison.

Yona (à sa fille Rébecca) :
- Alors Rébecca, il est prêt, ce bortsch... ces Messieurs attendent.

Le professeur :
- Pourquoi avez-vous de l'ail partout ?

Yona (embarrassée) :
- C'est pas de l'ail... mangez... mangez, c'est le meilleur bortsch de la région.

BOUILLABAISSE

Scénario pour 4 personnes
Préparation : 30 minutes
Cuisson : 20 minutes

- *1,5 kg de poissons variés : rascasse, saint-pierre, loup, merlan, rouget, lotte.*
- *2 oignons*
- *1 gousse d'ail*
- *5 tomates bien mûres*
- *2 branches de thym*
- *1 feuille de laurier*
- *1 pincée de fenouil déshydraté*
- *1 pincée de safran*
- *2 verres d'huile d'olive*
- *3 l d'eau bouillante*

Videz les poissons, écaillez-les, lavez-les et coupez en gros morceaux. Dans un faitout, faites revenir les oignons émincés, l'ail écrasé, les tomates mondées et épépinées. Ajoutez les poissons et les épices. Salez, poivrez et recouvrez d'eau bouillante. Laissez cuire à feu vif pendant vingt minutes. Faites légèrement dorer, au four ou au grille-pain, des tranches de pain. Quand la cuisson est terminée, déposez les poissons sur un plat de service. Mettez le pain dans le fond d'une soupière et versez la bouillabaisse dessus en la filtrant au travers d'un chinois. Servez tout de suite.

LA CUISINE AU BEURRE

France. 1963

Réalisation : Gilles Grangier
Interprètes : Fernandel (Fernand), Bourvil (André), Claire Maurier (Christiane).

LE RÉSUMÉ

Fernand, prisonnier de guerre, rentre enfin chez lui. Après dix ans de captivité, il se retrouve à Marseille où son restaurant *À la vraie bouillabaisse* a été rebaptisé *À la sole normande.* Il apprend alors que son nom figure sur le monument aux morts et que sa femme s'est remariée avec André, le nouveau chef du restaurant. Un Normand du genre gros bosseur et spécialiste de la cuisine au beurre.

LA SCÈNE

C'est la première rencontre entre les deux hommes et André prend Fernand pour un ancien client habitué de la maison. Ce dernier en profite pour lui tirer les vers du nez.

André :
- À ce que je vois, Monsieur était un habitué de la maison.

Fernand :
- Un habitué ? Ça, vous pouvez le dire... C'est qu'on mangeait bien ici... Le patron était un chef !

André :
- Si on veut !

Fernand :
- Comment si on veut ? Et sa cuisine, vous avez goûté sa cuisine ? Son Bœuf en Daube... Son Stockfisch... Ses Pieds et Paquets... maison ?

André :
- Oh, ho, oh ! ... Ses pieds paquets !

Fernand :
- Ça vous plaît pas, les pieds paquets ?

André :
- Non... Je dis pas ça, mais enfin...

Fernand :
- Et sa bouillabaisse. Vous savez ce que c'était sa bouillabaisse ?

André (amusé) :
- C'étaient des boîtes...

Fernand :
- Des boîtes ! Sa bouillabaisse ? Vous voulez peut-être dire de la conserve... Attention, Monsieur, à ce que vous dites... Vous l'insultez...

BROCHETTE DE VEAU AU VIN DE BORDEAUX

Scénario pour 4 personnes
Préparation : 15 minutes
Cuisson : 10 minutes
Marinade : 2 heures

- *200 g de viande de veau par personne*
- *1 dl d'huile*
- *de l'huile d'olive pour la marinade*
- *1 grand verre de vin rouge*
- *4 branches de thym*
- *2 feuilles de laurier*
- *persil*
- *10 g de beurre*
- *farine*
- *1 cuillerée à soupe de fécule de maïs*
- *le jus d'un citron*
- *sel*
- *poivre*

Coupez la viande en cubes. Faites-la mariner 2 heures dans l'huile d'olive aromatisée avec deux branches de thym, 1 feuille de laurier, du sel et du poivre.
Épongez-la. Roulez-la dans la farine et enfilez-la sur des brochettes que vous faites cuire dans l'huile.
Chauffez dans une poêle pendant 10 minutes le vin rouge, le thym et le laurier restants. Salez et poivrez.
Liez à la fécule de maïs.
Mélangez le beurre à la sauce en remuant et ajoutez à la fin le persil haché grossièrement et le jus de citron.

BRAZIL

Grande-Bretagne. 1985

Réalisation : Terry Gilliam

Interprètes : Jonathan Pryce (Samuel Lowry), Robert De Niro (Harry Tuttle), Michael Palin (Jack Lint).

LE RÉSUMÉ

Ce film est une excellente parodie de l'univers administratif et bureaucratique. Un système quasi carcéral où l'homme est enfermé par les machines d'une cité futuriste. Dans ce monde anonyme, le dérèglement d'un ordinateur est le point de départ des aventures de Samuel Lowry, un fonctionnaire modèle, parti à la recherche de la femme de ses rêves. Dans sa course au bonheur, il devient complice d'un criminel, puis le suspect idéal de ses supérieurs avant de finir entre les murs gris et humides d'une chambre des tortures.

LA SCÈNE

Samuel, notre paisible employé du bureau des recoupements, se rend au restaurant avec sa mère. Le restaurant est à l'image du machinisme du film et, pour commander un plat sur le menu, les convives doivent annoncer le numéro de leur choix. Quand Sparow, le maître d'hôtel, interroge Samuel sur le numéro de son choix, celui-ci l'ignore, concentré sur la conversation qu'il a avec sa mère. Sparow s'emporte et lui aboie violemment qu'il veut connaître le numéro du plat qu'il a choisi. Samuel, sous la pression, choisira un plat au hasard.

Sparow :

- Vous avez choisi le numéro trois, Monsieur, le trois…

  Quelques instants plus tard, il revient avec les plats et sert les convives en dévisageant Samuel d'un regard haineux.

Sparow (insistant sur les chiffres) :

- Le numéro huit… une brochette de veau au vin de Bordeaux, le numéro trois, un canard à l'orange, le numéro trois, Monsieur… le trois !

CAKE D'AMOUR

À exécuter en chantant, sinon ça ne marche pas.
Scénario pour une personne très gourmande
Préparation : 20 minutes
Cuisson : 1 heure

- *farine*
- *4 œufs*
- *1 bol de lait*
- *200 g de beurre*
- *1 pincée de levain*
- *1 cuillerée à café de miel*
- *1 pincée de sel*

Préparez votre
Préparez votre pâte
Dans une jatte
Dans une jatte plate.

Et sans plus de discours
Allumez votre
Allumez votre four.

Prenez de la
Prenez de la farine
Versez dans la
Versez dans la terrine

Quatre mains bien pesées
Autour d'un puits creu...
Autour d'un puits creusé.

Choisissez quatre
Choisissez quatre œufs frais
Qu'ils soient du mat...
Qu'ils soient du matin frais.

Car à plus de vingt jours
Un poussin sort tou...
Un poussin sort toujours.

Un bol entier
Un bol entier de lait
Bien crémeux s'il
Bien crémeux s'il vous plaît.

De sucre parsemez
Et vous amalga...
Et vous amalgamez.

Une main de
Une main de beurre fin
Un souffle de
Un souffle de levain.

Une larme de miel
Et un soupçon de
Et un soupçon de sel.

Il est temps à
Il est temps à présent,
Tandis que vous
Tandis que vous brassez,

De glisser un présent
Pour votre fian...
Pour votre fiancé.

Un souhait d'a...
Un souhait d'amour s'impose
Tandis que la
Que la pâte repose.

Lissez le plat de beurre
Et laissez cuire une
Et laissez cuire une heure.

(Texte : Jacques Demy,
d'après Charles Perrault)

PEAU D'ÂNE

France. 1970

Réalisation : Jacques Demy
Interprètes : Jean Marais (le roi), Catherine Deneuve (Peau d'Âne), Delphine Seyrig (la fée), Jacques Perrin (le prince), Fernand Ledoux (le père du prince), Micheline Presle (la reine mère du prince).

LE RÉSUMÉ

Pour ne pas épouser son père et suivant les bons conseils de sa tata, la fée des lilas, une princesse (qui n'a pas de nom) va se cacher dans la forêt et se déguise en souillon en empruntant la peau d'un âne. Un prince charmant, qui passe par là, tombe évidemment fou amoureux d'elle. Ils se marient en grande pompe et auront certainement de nombreux chérubins.

LA SCÈNE

Peau d'Âne, transie d'amour pour son prince, exécute une recette pour lui, le cake d'amour. Voici la recette si vous avez une âme à conquérir...

CHARLOTTE AUX POIRES

Scénario pour 4 personnes
Préparation : 25 minutes
Cuisson : 1 heure

- *400 g de pain rassis*
- *1 livre de poires*
- *100 g de sucre cristallisé*
- *40 g de beurre*

Coupez en tranches régulières du pain dont vous aurez retiré la croûte.

Formez des triangles pour recouvrir le fond du moule à charlotte et des rectangles pour le tour du moule qui doit être bien beurré.

Réchauffez les tranches de pain et préparez une compote avec le sucre, les poires pelées, épluchées et coupées en huit. Versez-la dans le moule et recouvrez-la avec les triangles de pain beurré.

Mettez à four moyen 40 minutes pour que le pain soit bien doré. Démoulez chaud au moment de servir.

CALMOS

France. 1976

Réalisation : Bertrand Blier
Interprètes : Jean-Pierre Marielle (Paul), Jean Rochefort (Albert), Bernard Blier (le curé), Brigitte Fossey (Suzanne).

LE RÉSUMÉ

Dégoûté des femmes, Paul, gynécologue, prend la poudre d'escampette avec son ami Albert. Leur fuite vers un village du Beaujolais se transforme vite en une chevauchée fantastique dans un monde dominé par la gent féminine. Ils ne trouvent leur salut que dans une amitié franche et virile ainsi que dans la bonne bouffe. *Calmos* montre que la nourriture semble être le seul plaisir qui reste ici-bas quand les femmes sont de trop.

LA SCÈNE

Paul et Albert sont attablés, à la fin d'un bon repas. Ils se sont trouvé un allié en la personne du curé du village, qui ne rechigne pas non plus à faire bombance. Ces misogynes en goguette prendront alors à partie un adolescent qu'ils ont surpris dans les bras de Claudine, un tendron du village. Pour le détourner de ses mauvaises pensées, ils l'inviteront à leur table et lui serviront une petite leçon de morale.

Paul :
- T'as goûté la charlotte aux poires ?
L'enfant :
- Oui.
Le curé :
- T'as plus envie d'aller tripoter la Claudine ?
L'enfant :
- Non, mon père.
Le curé :
- Pourquoi ?
L'enfant :
- Parce que je préfère la Charlotte !

CIVET DE LIÈVRE

Scénario pour 4 personnes
Préparation : 1 heure
Cuisson : 2 heures

- *1 jeune lièvre de 1,5 kg à 2 kg*
- *50 g de beurre*
- *45 g de farine*
- *1 l de bon vin rouge de Bourgogne*
- *250 g de lard de poitrine*
- *1 bouquet garni*
- *2 gousses d'ail*
- *2 gros oignons*
- *2 carottes*
- *24 petits oignons grelots*
- *250 g de champignons de Paris*
- *12 croûtons taillés en cœur et frits au beurre*
- *1 cuillerée à soupe d'armagnac*
- *1/2 verre de cognac*
- *4 cuillerées à soupe de crème fraîche*
- *3 cuillerées à soupe d'huile d'olive*
- *persil*
- *sel*
- *poivre*

Dépouillez le lièvre, videz-le et recueillez le sang accumulé autour des poumons et dans la gorge. Réservez le foie débarrassé du fiel...
Coupez-le en morceaux, assaisonnez de sel fin, de poivre moulu, saupoudrez de fleurs de thym et de laurier, ajoutez un oignon en rondelles, 2 cuillerées à soupe d'huile d'olive et une d'armagnac. Mélangez bien et laissez macérer pendant 3 heures. Mélangez de temps à autre.
Pendant ce temps, chauffez le beurre dans un plat assez grand pour contenir le lièvre. Quand le beurre est cuit, mettez-y le lard blanchi et coupé en gros lardons. Une fois les lardons à demi rissolés, ajoutez les petits oignons, puis les champignons bien nettoyés et lavés rapidement. Assaisonnez d'une pincée de sel fin. Sautez vivement et égouttez le tout à l'écumoire, réservez sur une assiette.
Dans le même beurre, faites blondir l'autre oignon et les carottes coupées en rondelles, puis saupoudrez-les avec de la farine, mélangez et remuez constamment avec une spatule en bois. Laissez cuire à feu doux jusqu'à ce que la farine soit colorée blond foncé.
Mettez les morceaux de lièvre égouttés et faites-les raidir dans ce roux en continuant à remuer doucement. Parsemer dessus l'ail écrasé, mélangez et mouillez juste à hauteur avec le vin rouge. Faites bouillir en remuant pour une liaison parfaite et sans grumeaux. Ajoutez le bouquet garni et un peu de sel, si besoin est. Couvrez, et laissez cuire à four doux 50 minutes. Écumez les morceaux de lièvre et disposez-les dans un plat à sauter. Répartissez les lardons, oignons et champignons. Passez la sauce au chinois fin. Mettez à bouillir, couvrez à nouveau, laissez mijoter au four 50 minutes à chaleur moyenne. Passez le foie au tamis, afin de le réunir au sang, ajoutez le cognac ainsi que 4 cuillerées à soupe de crème fraîche épaisse, délayez. Quand le civet est cuit, ôtez-le du feu et du plat pour y verser le sang travaillé au fouet afin de le mélanger à la sauce. Dressez le civet dans un plat creux, disposez autour des croûtons et parsemez sur le centre une pincée de persil haché.

LES TONTONS FLINGUEURS

France. 1963

Réalisation : Georges Lautner

Interprètes : Lino Ventura (Fernand Naudin), Bernard Blier (Raoul Volfoni), Jean Lefebvre (Paul Volfoni), Francis Blanche (maître Folace), Claude Rich (Antoine), Sabine Sinjen (Patricia).

LE RÉSUMÉ

Fernand Naudin, un ancien aigrefin « garé des voitures » est devenu un homme d'affaires tranquille. Il recueille les dernières volontés de son ami de jeunesse, Louis, dit le Mexicain, un truand notoire. Ce dernier lui confie la responsabilité de ses « affaires » plus que louches et lui fait promettre également de veiller sur Patricia, sa fille. Il servira alors de cible à tous les rivaux du Mexicain avec, à leur tête, les frères Volfoni qui voient d'un œil torve l'arrivée de ce nouveau patron.

LA SCÈNE

Fernand part à la recherche de Patricia, « sa nièce », qui a pris la poudre d'escampette avec Antoine. Il la retrouve dans la garçonnière de son futur, pour qui elle mitonne un petit civet de lièvre.

Fernand :
- Patricia, qu'est-ce que tu fais là ? Qu'est-ce que ça veut dire, tout ça ?

Patricia :
- Tu vois, je civette, je bain-marise, je ragougnasse. Bref, je donne à Antoine tout apaisement dans l'avenir. Logique, non ? Il doit passer sa vie avec moi !

Fernand (surpris) :
- Passer sa vie ?

Patricia :
- Naturellement, tu restes déjeuner avec nous. (À Antoine) Chéri, tu devrais descendre chez l'Italien, je crois que nous allons manquer de vin !

Antoine (narquois) :
- Oncle Fernand préfère le bordeaux ou le bourgogne ?
(Devant le regard torve d'oncle Fernand, il ajoute :)
- On prendra les deux.
Fernand s'attrape la tête à deux mains.

Patricia :
- Ça ne va pas, qu'est-ce que tu as ?

Fernand :
- Rien, je deviens louf, c'est tout !

Patricia :
- Oh ! mon civet qui brûle.

Fernand :
- Qu'est-ce qui t'as pris de partir comme ça... hein ? Tu nous as fait faire un mauvais sang du diable, quoi !

Patricia :
- Qu'est-ce qui t'as pris de mettre Antoine à la porte ?
Patricia fait goûter son civet à Fernand.

Fernand :
- Tu veux mon avis ?

Patricia :
- Ben, c'est bien pour ça que je te le fais goûter !

Fernand :
- Eh ben, y manque du thym ! (Se ravisant, énervé.) Mais c'est pas de ça qui s'agit ! Il s'agit de mon avis sur ton Antoine !

Patricia :
- Mon Antoine, tu crois pas si bien dire... Y m'épouse.

COCKTAIL DE CREVETTES

Scénario pour 4 personnes
Préparation : 25 minutes

- *24 crevettes bouquets*
- *des feuilles de romaine*
- *8 cuillerées à soupe de ketchup épicé*
- *2 cuillerées à soupe de jus de citron*
- *1 cuillerée à soupe de raifort râpé*
- *1 cuillerée à café de mayonnaise*
- *1 pincée de poivre de Cayenne*
- *quelques gouttes de Tabasco*

Mélangez tous les ingrédients (sauf la salade et les crevettes) afin de faire une sauce.
Goûtez et rectifiez, au besoin, l'assaisonnement.
Placez-le au réfrigérateur 1 heure.
Coupez les feuilles de salade en rubans, tapissez-en quatre coupelles.
Épluchez les crevettes. Disposez-en six dans chaque coupelle.
Versez un peu de sauce entre les crevettes et dans le milieu.
Servez le restant en saucière.

LES BLUES BROTHERS

USA. 1980

Réalisation : John Landis

Interprètes : John Belushi (Jack Blues), Dan Aykroyd (Elwood Blues), Carrie Fisher (la femme mystère), Cab Calloway (Curtis), Ray Charles (Ray), James Brown (révérend James).

LE RÉSUMÉ

Deux frères, Jack et Elwood, luttent contre la fermeture de l'orphelinat dans lequel ils ont passé leur enfance. Pour cela, un seul moyen : reformer leur groupe musical, « les Blues Brothers » et partir en tournée pour éponger la dette du fisc qui s'élève à cinq mille dollars. Hors la loi sur les bords, ils sont poursuivis par les policiers de la route. Après maintes péripéties, ils font un triomphe au *Palace Hotel Ballroom* et réussissent à rapporter le magot à temps. Une folle poursuite s'ensuit, qui se soldera, pour nos deux héros, par la prison. Ils y chanteront pour les détenus, histoire de mettre un peu d'ambiance.

LA SCÈNE

Pour Jack et Elwood, tous les moyens sont bons, même si ceux-ci ne sont pas toujours très catholiques, pour essayer de convaincre les anciens musiciens de revenir dans le groupe. C'est ainsi que, pour exhorter Mister Fabulous à les rejoindre, ils vont aller dans le restaurant chic *Chez Paul,* où il œuvre, prendre une table d'assaut et manger comme des gougnafiers jusqu'à ce qu'il cède.
Au menu : un cocktail de crevettes que nos deux « odieux » s'amuseront à se lancer dans la bouche, d'un bout à l'autre de la table.

Elwood :
- Quelle joie de te voir, plus jeune que jamais !

Mister Fabulous :
- N'entrez pas.

Jack :
- Absurde... Nous venons célébrer ma libération anticipée des services de l'État.

Mister Fabulous :
- C'est idiot, sortons prendre un café.

Jack :
- Nous voulons un repas complet et somptueux. Viens, Elwood, fonçons sur la table la plus proche et scrutons le menu !
Ils s'installent à une grande table.
Jack siffle le garçon.

Jack :
- Votre meilleur champagne... Cinq cocktails de crevettes et du pain pour le frangin.

Le garçon :
- Nous avons un Don Perignon 71 à 120 dollars.

Jack :
- Envoie, coco...

Mister Fabulous :
- Blague à part, tout est hors de prix ici, venez, je vous paye un café.

Jack :
- Nous remontons l'orchestre.

Mister Fabulous :
- Sans moi...

Jack :
- Nous travaillons pour Dieu et ses frères.
Ils commencent à mettre le souk dans le restaurant. Jack se propose même d'acheter la femme et les enfants du client de la table d'à côté.

Jack :
- Si tu ne veux pas revenir dans la bande, nous te proposons de venir manger trois fois par jour ici.

CRÈME RENVERSÉE

Scénario pour 6 personnes
Préparation : 15 minutes
Cuisson : 35 minutes

- *250 g de sucre en morceaux*
- *1 l de lait*
- *4 œufs entiers*
- *200 g de sucre en poudre*
- *8 jaunes d'œuf*
- *1 gousse de vanille*

Faites un caramel dans le moule de cuisson de la crème avec le sucre en morceaux. Chemisez bien le moule de caramel. Dans une casserole, faites bouillir le lait avec une gousse de vanille fendue en deux dans le sens de la longueur. Laissez ensuite refroidir et retirez la vanille. Mélangez d'autre part les œufs entiers, les jaunes d'œuf et le sucre en poudre. Ajoutez petit à petit le lait en délayant bien, puis versez le tout dans le moule caramélisé. Faites cuire à feu doux au bain-marie 30 minutes. Laissez refroidir, démoulez.

LES BARBOUZES

France. 1964

Réalisation : Georges Lautner
Interprètes : Lino Ventura (Francis Lagneau), Bernard Blier (Eusebio Cafarelli), Francis Blanche (Boris Vassilieff), Mireille Darc (Amaranthe), Noël Roquevert (Landix).

LE RÉSUMÉ

Un as des services secrets, Francis Lagneau, reçoit la mission de protéger Amaranthe (née Antoinette Dubois), la veuve d'un homme qui collectionnait les brevets d'invention d'armes, mais il va se heurter à une meute d'agents des services secrets étrangers. Ça flingue à tout va dans cette parodie des films d'espionnage sur un scénario signé Simonin et Audiard.

LA SCÈNE

Pour faire le point sur l'affaire, Francis a rendez-vous dans un petit routier avec Landix, son patron. Sous les yeux hagards de son supérieur, notre espion fait preuve d'un bel appétit. La serveuse du restaurant vient prendre la commande.

La serveuse :
- Aujourd'hui, nous avons le plat de côtes ou les paupiettes ou le civet de lapin.

Francis :
- Ah... ben, vous allez me mettre
les paupiettes en ouverture
et le plat de côtes... hein...
non, non, attendez...
mettez-moi d'abord un civet au lieu
des paupiettes... hein... et puis non...
mon plat de côtes après, quoi...
et puis glissez- moi une petite paupiette
avec, quoi... hein !
(Il fait un clin d'œil complice à la serveuse.)

Landix (amusé) :
- Vous prendrez bien un petit dessert avec ?

Francis :
- Ah ouais !... Vous avez des tartelettes ?

La serveuse :
- Oui.

Francis :
- Eh ben, tout de suite après le fromage, j'les voudrais bien volontiers et pis alors après... ben... une petite bricole, ce que vous avez quoi... une crème renversée ou une petite glace... hum. *(À la serveuse :)* Allez, mon petit, allez !

CREVETTES AU POIVRE

Scénario pour 4 personnes
Préparation : 15 minutes
Cuisson : 20 minutes

- *24 crevettes crues de taille moyenne dont on a enlevé le filet noir et la tête*
- *2 cuillerées à soupe d'huile*
- *1/2 cuillerée à café de sel*
- *1/2 cuillerée à café de poivre noir fraîchement moulu*

Faites chauffer un wok, puis mettez l'huile en la laissant couler des bords jusqu'au centre du récipient.
Ajouter les crevettes et faites-les frire 2 minutes jusqu'à ce qu'elles deviennent bien roses.
Ajoutez le sel et le poivre et laissez cuire 10 minutes, en remuant souvent le wok pour que les épices se mélangent bien aux crevettes.
Servez avec un riz thaï et des légumes verts.

FORREST GUMP

USA. 1994

Réalisation : Robert Zemeckis
Interprètes : Tom Hanks (Forrest Gump), Sally Field (Jenny), Mykelti Williamson (Bubba).

LE RÉSUMÉ

Forrest, un gentil garçon au quotient intellectuel inférieur à la moyenne, grandit dans l'ombre protectrice de sa mère. À l'école, il est rejeté de tous à l'exception de sa petite voisine Jenny, qui devient l'unique amour de sa vie. Réputé pour son extrême vélocité à la course à pied, il devient l'homme le plus rapide de l'Ouest et entre ainsi dans la légende. Il s'engage dans l'armée où tous le rejettent. Tous sauf Bubba, un Cajun qui le prend sous sa protection et avec qui il projette de monter un commerce de pêche à la crevette. Mais Bubba, touché au ventre, meurt au front. Forrest rentre seul, en héros. Il est même décoré par le président Johnson. En souvenir de son ami Bubba, il se lance dans la crevette avec Dan Taylor, un lieutenant dont il a sauvé la vie au Vietnam. Sans le vouloir, il devient riche et retrouve Jenny, avec qui, malgré les aléas de la vie et les cicatrices du temps, il tente de reconstruire sa vie.

LA SCÈNE

Forrest et Bubba partagent la même chambrée. Bubba n'a qu'un seul rêve : monter un commerce de pêche à la crevette. Il en parle toute la journée à Forrest et lui explique toutes les possibilités et l'art d'accommoder ce palémon.

Bubba :

- La crevette, c'est le fruit de la mer, on la fait au barbecue, bouillie, grillée, rôtie, sautée... T'as la crevette Kebab, la crevette créole, la crevette combo, la crevette *a la plancha*, à la vapeur, en sauce, tu fais... l'avocat crevette, la crevette citron, la crevette à l'ail, la crevette au poivre, la soupe de crevettes, le ragoût de crevettes, la salade de crevettes, le cocktail de crevettes, le hamburger de crevettes, le sandwich de crevettes... euh, c'est à peu près tout !

CREVETTES AUX PETITS POIS

Scénario pour 4 personnes
Préparation : 10 minutes
Cuisson : 8 minutes

- *3 cuillerées à soupe d'huile d'olive*
- *60 g d'amandes blanchies, en moitié*
- *125 g de petits pois*
- *2 cuillerées à café de Maïzena*
- *2 cuillerées à café de sauce de soja*
- *2 dl de bouillon de volaille*
- *2 cuillerées à soupe de porto*
- *500 g de crevettes cuites, décortiquées et dont on a pris soin d'ôter le filet noir*
- *50 g de pousses de bambou émincées*
- *sel*
- *poivre*

Faites chauffer l'huile dans un wok.
Ajoutez les amandes et faites-les dorer.
Puis égouttez-les sur du papier absorbant.
Dans l'huile chaude, faites cuire 1 minute les petits pois.
Videz l'huile du wok et, dans un saladier, mélangez les amandes, les petits pois, le porto, le soja, le bouillon, le sel, le poivre et la Maïzena.
Remettez le tout dans le wok et portez à ébullition en remuant.
Laissez mijoter 2 minutes et rajoutez les crevettes et les pousses de bambou.
Laissez cuire 2 minutes à feu doux et servez.

SALÉ SUCRÉ

Eat Drink Man Woman. Taïwan. 1994

Réalisation : Ang Lee
Interprètes : Sihung Lung (Tchou), Kuei-Mei Yang (Jen), Yu-Wen Wang (une serveuse).

LE RÉSUMÉ

Après l'irrésistible *Garçon d'honneur,* Ang Lee nous livre un film drôle et plein de saveur, où il raconte l'histoire de M. Tchou, le plus grand cuisinier de Taipei, et de ses filles.

Pour conserver sa famille autour de lui, M. Tchou leur concocte de bons petits plats... Les liens de famille se nouent et se dénouent dans un savoureux festin de surprises. Un film surprenant qui vous met l'eau à la bouche et vous donne envie, en sortant, d'aller finir la soirée dans le restaurant chinois le plus proche.

LA SCÈNE

M. Tchou prépare une petite cantine pour Tchan Tchan et va lui apporter à l'école. Une curieuse coutume mais tellement chinoise. Les élèves mangent dans leur classe à leur pupitre.
M. Tchou entre prestement dans la classe et se dirige vers Tchan Tchan. Il échange le repas genre fast-food qu'elle avait devant elle contre la gamelle qu'il lui a préparée.

M. Tchou :
– Voilà, Tchan Tchan... J'ai eu peu de temps, alors je t'apporte quelques bricoles... Voilà du travers de porc et du crabe aux légumes... crevettes aux petits pois... Ça, c'est des lamelles de poulet aux pousses de soja, ton préféré... J'en ai pas fait trop parce que j'aimerais que tu finisses tout...
Toute la classe admirative est derrière Tchan Tchan et regarde la petite fille en poussant des exclamations de ravissement...
Dès lors, la petite Tchan Tchan va prendre les commandes de ses petites copines.

DINDE FARCIE

Scénario pour 6 personnes
Préparation : 1 heure
Cuisson : 3 heures

- *1 dinde de 3,5 kg*
- *200 g de beurre*
- *4 cuillerées à soupe de bouillon de volaille*
- *250 g de veau haché*
- *250 g de chair à saucisse*
- *1 cuillerée à soupe d'huile d'olive*
- *1 céleri branche*
- *1 pomme*
- *2 oignons*
- *1 petit pain de mie rassis*
- *2 cuillerées à soupe de romarin*
- *1 cuillerée à soupe de sauge hachée*
- *1 cuillerée à soupe de thym*
- *1 demi-bouquet de persil*
- *le foie de la dinde*
- *2 petits-suisses*
- *2 œufs*
- *sel*
- *poivre*
- *1 torchon propre*
- *du fil alimentaire*
- *1 aiguille à brider*

Faites revenir le veau et la chair à saucisse dans une poêle avec une cuillerée à soupe d'huile d'olive. Réservez dans un saladier. Faites ensuite revenir le foie de la dinde. Hachez-le au couteau. Ajoutez-le aux viandes. Faites rissoler, dans 70 g de beurre, les oignons hachés, le céleri et la pomme épluchés et émincés. Ajoutez-les dans le saladier.

Déglacez la poêle avec quatre cuillerées à soupe de bouillon et versez le liquide ainsi obtenu dans le saladier avec le pain émietté, les épices, les œufs battus, les petits-suisses et le persil.

Salez et poivrez. Mélangez le tout et laissez refroidir.

Salez et poivrez l'intérieur de la dinde. Farcissez-la et bridez-la avec le fil alimentaire.

Mettez-la dans un plat à four.

Faites fondre le beurre restant. Trempez-y le torchon propre et placez-le sur le dos de l'animal.

Enfournez la dinde à thermostat 4 (120°) pendant 3 heures.

Arrosez-la souvent avec le jus rendu et le reste du bouillon.

LES COPAINS D'ABORD

The Big Chill. USA. 1983

Réalisation : Lawrence Kasdan
Interprètes : Tom Berenger (Sam), Glenn Close (Sarah), Jeff Goldblum (Michael), William Hurt (Nick), Kevin Cline (Harold), Meg Tilly (Chloé).

LE RÉSUMÉ

Une bande de copains de fac, dans la quarantaine, se retrouve le temps d'un week-end et de la mise en bière de l'un des leurs. On évoque le passé avec émotion et on en profite pour régler quelques comptes.

LA SCÈNE

Après l'enterrement d'Alex, tout le monde se réunit chez Sarah. Avec la complicité de Chloé, la maîtresse des lieux a préparé une dinde farcie. À la fin du repas, Sarah, avec nostalgie et des sanglots dans la voix, évoque le souvenir du cher disparu.

Sarah :
- Il devrait être ici… On aurait dû mettre une chaise pour Alex. Bien sûr, on n'aurait pas eu assez de bouffe pour lui !
  Son rire se mêle à ses larmes :
- Ça rappelle tant de choses… Je vous aime tant !

ENTRECÔTE BORDELAISE

Scénario pour 4 personnes
Préparation : 15 minutes
Cuisson : 20 minutes

- *4 entrecôtes*
- *4 verres de vin de Bordeaux*
- *4 échalotes*
- *50 cl de consommé de volaille*
- *1 grosse noix de beurre*
- *1 cuillerée à café de farine*
- *200 g de moelle pochée à l'eau et égouttée*
- *4 cuillerées à café de persil haché*

Dans une casserole, mettez les échalotes et le vin rouge. Faites réduire de moitié et ajoutez le consommé.
Pendant ce temps, faites fondre le beurre et incorporez la farine en remuant avec un fouet.
Ajoutez ce beurre manié au vin rouge et laissez mijoter à feu très doux 5 minutes.
Faites cuire les entrecôtes selon votre goût (de préférence saignantes).
Sur chaque entrecôte, ajoutez un peu de persil, 50 g de moelle découpée en fines lamelles et la sauce bordelaise.

L'AILE OU LA CUISSE

France. 1976

Réalisation : Claude Zidi
Interprètes : Louis de Funès (Charles Duchemin), Coluche (Pierre Duchemin), Julien Guiomar (Trigatel), Claude Gensac (Marguerite).

LE RÉSUMÉ

Auteur d'un célèbre guide gastronomique, Charles Duchemin est une référence en matière culinaire. Il parcourt les routes avec son fils, qu'il tente d'initier aux plaisirs de la table, alors que ce dernier n'a qu'une passion : le cirque. Affublé de tenues diverses et variées afin de mieux cacher son identité, Charles Duchemin tente de piéger les restaurateurs peu scrupuleux. C'est ainsi qu'il s'acharne contre son grand ennemi Trigatel, un directeur de chaîne d'alimentation industrielle peu appétissante. Il va découvrir ses terribles secrets de fabrication et les divulguer au grand public.

LA SCÈNE

C'est déguisé en Texan chic, Stetson sur la tête, veste rose et appareil photo en bandoulière, que Duchemin père va éprouver le repas d'un restaurant pour routiers, qui porte le nom d'*Auberge de la truite sauvage*. Pour peaufiner son accoutrement, il va jusqu'à emprunter un fort accent anglais et quelques mots à la langue de Shakespeare. Le patron des lieux, franchement atrabilaire, daigne interrompre sa partie de cartes pour le recevoir. Sans se lever, il lui indique une table dans un coin et lui balance le menu de sa gargote. Duchemin choisira une *salade of tomatoes and oune entrecôte à la bourdelaise, please !*
Narquois, le patron lui demandera s'il veut un Coca-Cola pour aller avec, mais Charles Duchemin optera pour un petit beaujolais nouveau qui s'avérera être une sombre piquette : *Very, very, nouveau !*
La note, quant à elle, sera : *Very, very big !*

FLAN ESPAGNOL

Scénario pour 6 personnes
Préparation : 15 minutes
Cuisson : 30 minutes

- *400 g de farine*
- *400 g de fromage blanc*
- *400 g de sucre semoule*
- *10 cl d'huile*
- *de l'anisette*
- *25 g de beurre*
- *4 feuilles de menthe*
- *4 œufs*
- *100 g de sucre glace*

Préchauffez votre four à 170°.
Mélangez bien la farine avec l'huile, 10 cl d'eau, et ajoutez quelques gouttes d'anisette.
Beurrez un moule plat et rond. Étalez la pâte.
Battez les œufs. Ajoutez le fromage blanc, le sucre et la menthe hachée. Lorsque le mélange est bien lisse, versez-le sur la pâte.
Mettez au four 30 minutes.
Poudrez de sucre glace et servez.

MATADOR

Espagne. 1986

Réalisation : Pedro Almodovar
Interprètes : Assunpta Serna (Maria Cardenal), Antonio Banderas (Angel), Nacho Martinez (Diego Montes).

LE RÉSUMÉ

Dans ce film, Pedro Almodovar rend hommage à Buñuel et à Mishima. Il combine deux thèmes qui leur sont chers : la mort et le sexe. Sur fond de poussière, de sueur et de sang, il met en scène trois personnages qui laissent libre cours à leurs pulsions. Angel, un jeune torero mythomane, qui s'accuse de meurtres qu'il n'a pas commis. Maria, une avocate un peu mante religieuse, qui assassine ses amants en leur assenant un coup d'épingle dans la nuque, au moment de l'orgasme. Et Diego, un ex-matador, qui assassine des femmes parce qu'il ne peut plus tuer de taureaux.

LA SCÈNE

Angel, après avoir essayé de violer une femme, rentre chez lui. Sa mère, une femme très autoritaire, l'attend pour dîner. Il passe à table et la bonne commence à faire le service. Une fois que les assiettes sont pleines, et comme nous sommes dans une bonne famille catholique, la mère récite le bénédicité...

La mère :
- Bénis, Seigneur, cette soupe, la sole meunière et... ?
  Elle se tourne vers la bonne et l'interroge du regard.

La bonne :
- Le flan.

La mère :
- Et le flan que tu nous prodigues ce soir, notre Christ et le Christ Notre-Seigneur...
  Elle rajoute à l'intention de son fils :
- Tu es un désastre !

FONDUE SAVOYARDE

Scénario pour 4 personnes
Préparation : 30 minutes
Cuisson : 10 minutes

- *2 gousses d'ail*
- *250 g de fromage de gruyère*
- *2 verres de vin blanc sec*
- *2 cuillerées à café de kirsch*
- *2 pincées de fécule*
- *des petits croûtons de pain*

Faites fondre dans une casserole frottée d'ail le gruyère coupé en petits dés et légèrement recouvert de vin blanc sec.
Mélangez doucement avec une spatule en bois pour obtenir une pâte homogène.
Ajoutez le kirsch, laissez cuire quelques secondes.
Placez votre fondue au centre de la table et trempez vos croûtons de pain à l'aide de piques.

LES BRONZÉS FONT DU SKI

France. 1979

Réalisation : Patrice Leconte
Interprètes : Christian Clavier (Jérôme), Marie-Anne Chazel (Gigi), Thierry Lhermitte (Popeye), Josiane Balasko (Nathalie), Michel Blanc (Jean-Claude), Dominique Lavanant (Christiane), Maurice Chevit (Marius).

LE RÉSUMÉ

Une bande de joyeux drilles se retrouvent pour les vacances dans une station de sports d'hiver. Blagues de potache, tromperies, quiproquos… Une belle parodie des vacances de ski. Après nous avoir faire rire à la mer, nous retrouvons nos Bronzés à la neige, pour la suite de leurs péripéties.

LA SCÈNE

Christiane, l'esthéticienne, est invitée à manger une fondue savoyarde chez ses amis, Gigi et Jérôme. Popeye, Jean-Claude « Dusse », Nathalie et Bernard sont de la fête.
Christiane arrive, un peu en retard, accompagnée de son boute-en-train d'amant, un perruquier du nom de Marius.
Grand amateur de farces et attrapes en tout genre, celui-ci glisse des bouts de son fil dentaire dans la fondue en espérant voir « se poiler » ses nouveaux amis. Hélas ! sa galéjade est un four. Elle a même pour effet de gâcher la soirée qui tourne au vinaigre.

GOULASCH

Scénario pour 4 personnes
Préparation :10 minutes
Cuisson : 2 heures 30

- *500 g de culotte de bœuf*
- *150 g d'oignons*
- *1 boîte de concentré de tomates*
- *30 g de margarine*
- *3 cuillerées à café de paprika*
- *2 bouillons cube*
- *sel*

Coupez la viande en cubes, faites fondre un morceau de margarine ; jetez-y la viande, puis les oignons. Salez. Tournez vivement en ajoutant le concentré de tomates, les bouillons cube. Recouvrez d'eau.
Laissez mijoter 2 heures, couvercle fermé.
Une demi-heure avant la fin de la cuisson, saupoudrez de paprika.

SEPT ANS DE RÉFLEXION

The Seven Year Itch. USA. 1955

Réalisation : Billy Wilder
Interprètes : Marilyn Monroe (la voisine blonde), Tom Ewell (Richard Sherman), Robert Strauss.

LE RÉSUMÉ

Après le départ en vacances de son fils et de sa femme, l'éditeur Richard Sherman se retrouve seul dans son appartement new-yorkais. Bon père et mari fidèle, Richard va cependant subir les assauts du démon de midi qui a emprunté les traits d'une pulpeuse jeune femme, depuis peu sa voisine. Sa fidélité est mise à rude épreuve.

LA SCÈNE

Richard vient juste d'accompagner sa femme et ses enfants au train. Plein de bonnes intentions, notre homme est déterminé à faire un régime, car il en a assez de la nourriture trop riche de sa femme. Nous le retrouvons, attablé, dans un restaurant végétarien.

Richard Sherman :
- Voilà la vérité... Le corps humain est une machine très fragile, un instrument de précision. Il ne carbure pas au Martini, ni au goulasch hongrois. Surtout par cette canicule...
  Il appelle la serveuse :
- Mademoiselle, mon addition, je vous prie... N'oubliez pas que j'ai commencé par un cocktail !

La serveuse :
- Ah oui, Monsieur... Voyons voir ça... Nous avons le numéro sept spécial... Soja Bifteck avec une garniture de soja frit...Un sorbet de soja et thé à la menthe... Y a aussi un jus de choucroute, brut, glacé... Ça vous fait un dollar et dix-huit cents.

GRATIN DE COURGETTES

Scénario pour 4 personnes
Préparation : 20 minutes
Cuisson : 25 minutes

- *6 courgettes*
- *4 cuillerées à soupe d'huile d'olive*
- *1 œuf*
- *1 cuillerée à soupe de farine*
- *125 g de fromage râpé*
- *1 pincée de thym, de romarin et de basilic séchés*

Découpez les courgettes en fines rondelles. Faites-les revenir dans l'huile d'olive chaude avec le thym, le romarin et le basilic.

Quand elles sont cuites et encore un peu craquantes, ajoutez la farine, la moitié du fromage et l'œuf.

Mélangez le tout et versez cette préparation dans un plat à gratin. Recouvrez avec le reste de fromage râpé et passez au four 10 minutes à 200 °C. Puis mettez votre four en position grill et laissez griller 5 minutes.

HARRY, UN AMI QUI VOUS VEUT DU BIEN

France. 2000

Réalisation : Dominik Moll
Interprètes : Laurent Lucas (Michel), Sergi Lopez (Harry), Mathilde Seigner (Claire), Sophie Guillemin (Prune).

LE RÉSUMÉ

Alors qu'il est sur la route des vacances avec sa petite famille, Michel fait une halte sur une aire d'autoroute pour se détendre les gambettes et l'esprit. Dans les toilettes pour hommes de la station-service, il tombe nez à nez avec Harry. Un soi-disant copain de classe dont il a perdu le souvenir, et qui était fan des poèmes qu'il écrivait dans le journal de l'école. Harry, accompagné de Prune sa petite amie, va peu à peu à s'incruster dans l'univers de Michel et, malgré Claire, la femme de ce dernier, il va éliminer, physiquement, tout ce qui pourrait distraire Michel et l'empêcher de se remettre à griffonner.

LA SCÈNE

Harry est à table avec Prune, Michel et Claire. Au hasard de la causerie et pour rompre une ambiance un peu lourde, Prune oriente la conversation sur la cuisine et le plat de courgettes que Claire a préparé. Mais la discussion va tourner au vinaigre lorsque Harry révélera une confidence que lui a fait Michel.

Prune :
- Pourtant je suis pas une fan de courgettes mais alors là, je me régale.

Claire :
- Merci.

Prune :
- J'aimerais bien savoir cuisiner.

Claire :
- Faut se lancer.

Prune :
- Non, faut du talent. Je le sais, moi, j'en ai pas ! J'ai déjà essayé avec des livres de cuisine, c'était catastrophique.

Harry (à Prune) :
- Tu sais ce que Michel pense de toi ?

Prune :
- Non !

Harry :
- Que t'es une connasse, avec un pois chiche dans la tête.

LAPIN À LA MOUTARDE

Scénario pour 6 personnes
Préparation : 15 minutes
Cuisson : 1 h 20

- *1 lapin de 1,5 kg*
- *1 pot de moutarde forte*
- *2 cuillerées à soupe d'huile*
- *2 cuillerées à soupe de lait*
- *3 cuillerées à soupe de crème fraîche*
- *beurre*

Choisissez un lapin bien tendre et bien dodu. Enduisez-le avec le beurre, puis la moutarde.

Badigeonnez également l'intérieur du lapin et faites-le dorer dans une cocotte avec l'huile.

Quand il est blond de tous les côtés, mouillez avec le lait.

Couvrez la cocotte et laissez cuire à petit feu 1 h 15, en surveillant pour que le lapin ne brûle pas. S'il le faut, rajoutez un peu de lait.

Au moment de servir, ajoutez la crème fraîche et remuez.

LA CAGE AUX FOLLES

France. 1978

Réalisation : Édouard Molinaro
Interprètes : Michel Serrault (Albin, dit Zaza), Ugo Tognazzi (Renato), Michel Galabru (Charrier), Claire Maurier (Simone).

LE RÉSUMÉ

Un vieux couple d'homosexuels, Albin (alias Zaza Napoli) et Renato, est propriétaire de la « Cage aux folles », un cabaret tropézien qui présente tous les soirs un spectacle de travestis, dont la vedette est Zaza.
Par le passé, Renato a eu un fils, Laurent. Ce dernier s'est mis en tête d'épouser la fille du député Charrier, dont le vœu le plus cher est d'être présenté aux parents de son futur gendre... Cette situation va venir bouleverser les habitudes de nos deux joyeux lurons qui vont êtres obligés de jouer aux parents modèles...

LA SCÈNE

Nous retrouvons la capricieuse Zaza Napoli cachée sous les draps de son lit. Notre star se trouve moche et refuse de descendre faire son numéro sur la scène du cabaret... Elle veut se laisser mourir. Renato, inébranlable, est à son chevet en compagnie d'un médecin, appelé « en urgence », qui a dû interrompre son dîner : un lapin à la moutarde. Zaza à l'agonie lui prodigue quelques conseils pour réchauffer ce plat délicat.

Zaza :
- J'ai envie de mourir, docteur... j'ai envie de mourir...
Changeant de ton :
- Vous étiez en train de dîner... mais ça se réchauffe, au moins ?

Le médecin :
- Oui... du lapin à la moutarde...

Zaza :
- Oui... ben, ça se réchauffe bien... ben, ça tant mieux... alors voilà ce que vous faites... Vous faites réduire le fond de sauce dans la sauteuse... mais attention, vous faites ça dans une sauteuse en cuivre... Je dis toujours ça à mes amis... toujours la sauteuse en cuivre... sinon, je ne réponds plus de rien...

Renato :
- Alors, tu meurs ou tu cuisines ?

LINGUINI AUX MOULES

LINGUINI CON COZZE

Scénario pour 4 personnes
Préparation : 30 minutes
Cuisson : 20 minutes

- *16 moules fraîches*
- *500 g de linguini*
- *4 cuillerées à soupe d'huile d'olive*
- *1 gros oignon haché*
- *2 gousses d'ail écrasées*
- *850 g de tomates en boîte grossièrement hachées*
- *15 cl de vin blanc*

Nettoyez et grattez les moules. Cuisez les linguini dans de l'eau bouillante salée jusqu'à ce qu'ils soient *al dente* (environ 10 minutes). Égouttez-les et remettez-les dans la casserole. Versez la moitié de l'huile d'olive. Pendant la cuisson des pâtes, chauffez le reste de l'huile dans une casserole et faites revenir l'oignon, ajoutez l'ail, et prolongez la cuisson 1 minute. Incorporez les tomates et le vin, portez à ébullition. Baissez le feu et laissez mijoter doucement. Mettez les moules dans une grande casserole avec un peu d'eau chaude pendant 5 minutes pour qu'elles s'ouvrent. Secouez la casserole régulièrement. Mettez les moules dans la sauce tomate et mélangez le tout. Nappez les pâtes de cette sauce et servez aussitôt.

NEUF SEMAINES ET DEMI

USA. 1986

Réalisation : Adrian Lyne
Interprètes : Kim Basinger (Elisabeth), Mickey Rourke (John).

LE RÉSUMÉ

Elisabeth, une galeriste timorée, se laisse envoûter par John : un homme étrange qui l'entraîne dans des jeux érotiques, de plus en plus fous, qui libèrent peu à peu ses fantasmes. Devant l'escalade de ses plaisirs, Elisabeth prend peur et s'enfuit.

LA SCÈNE

John emmène Elisabeth dans un restaurant italien de Little Italy. Ils sont à table, entourés de gens à l'aspect patibulaire. John, pour l'impressionner, lui raconte l'histoire du lieu.

John :

- Il s'en est passé des choses ici, vous savez... Par exemple, cette chaise où vous êtes assise... Y avait un type qui s'appelait Gino Gambi... Il s'est fait sauter la cervelle... là... en mangeant... exactement ce que vous mangez... *linguini con cozze.*

Elisabeth :

- Oh, mon Dieu !

John :

- Hé bien, vous voyez, ici... c'est un restaurant familial quoi !

MACÉDOINE

Scénario pour 4 personnes
Préparation : 30 minutes
Cuisson : 15 minutes

- *500 g de carottes*
- *250 g de navets*
- *250 g d'asperges*
- *250 g de haricots verts*
- *250 g de beurre*
- *1 cuillerée à soupe de farine*
- *25 cl de bouillon de poule*
- *25 cl de crème fraîche*
- *2 jaunes d'œuf*
- *sel*
- *poivre*

Coupez en petits dés les carottes, les navets, les asperges et les haricots verts.
Cuisez-les à l'eau salée 10 minutes.
Faites fondre dans une casserole le beurre, ajoutez la farine, le bouillon, salez, poivrez.
Faites cuire 10 minutes, retirez du feu, ajoutez la crème, les jaunes, mettez vos légumes à réchauffer dedans 5 minutes.

MARIE-CHANTAL CONTRE LE DOCTEUR KHA

France. 1965

Réalisation : Claude Chabrol
Interprètes : Marie Laforêt (Marie-Chantal), Francisco Rabal (Paco), Serge Reggiani (l'espion russe), Charles Denner (l'espion américain), Roger Hanin (l'espion français), Akin Tamiroff (Dr Kha).

LE RÉSUMÉ

Juste avant d'être assassiné, un barbouze français remet à la charmante Marie-Chantal un joyau qui contient l'arme absolue. Dès cet instant, elle est poursuivie par une foule d'espions, une femme plutôt bizarre et surtout par le diabolique docteur Kha qui veut s'emparer à tout prix du bijou. Un hidalgo du nom de Paco lui vient alors en aide et la sauve chaque fois qu'elle est en mauvaise posture.

LA SCÈNE

La naïve Marie-Chantal est dans un wagon-restaurant en compagnie de son cousin et de Roger Hanin, l'« espion français ». Quelques tables plus loin, Charles Denner, l'« espion américain », écoute leur conversation. Un serveur vient prendre leur commande.

L'espion français :
- Y a quelque chose de curieux dans cette macédoine !

Le serveur (à Marie-Chantal) :
- Macédoine... Madame ?

Marie-Chantal :
- Merci.

Le serveur (à son cousin) :
- Macédoine... Monsieur ?

Le cousin :
- Un doigt.

  Après avoir goûté la macédoine.
- Cette purée est étrange, on dirait de la macédoine !

L'espion français :
- C'en est...

Le serveur (à l'espion français) :
- Fromage ?

L'espion français :
- Non.

Le serveur :
- Confiture ?

L'espion français :
- Non... C'est pas un peu fini... Vous allez encore m'en demander beaucoup comme ça ?

Le serveur :
- Non Monsieur... Gaufrettes ?

L'espion français (très énervé) :
- Non !

MINESTRONE

Scénario pour 6 personnes
Préparation : 30 minutes
Cuisson : 1 h 30

- *150 g de haricots blancs secs*
- *2 carottes*
- *3 pommes de terre*
- *1/4 de céleri-rave*
- *2 poireaux*
- *2 courgettes*
- *3 tomates*
- *4 cuillerées à soupe d'huile d'olive*
- *2 gousses d'ail*
- *2 l de bouillon de bœuf*
- *4 branches de basilic*
- *1 branche de thym*
- *3 branches de persil*
- *1 cuillerée à soupe de pâtes à potage*
- *150 g de parmesan*
- *sel*
- *poivre*

La veille, mettez les haricots à tremper dans l'eau froide. Égouttez-les et mettez-les dans une casserole avec un demi-litre d'eau.
Couvrez. Portez à ébullition, baissez le feu et laissez cuire à petits bouillons pendant 30 minutes.
Pendant ce temps, épluchez les carottes, les pommes de terre et le céleri-rave. Coupez le pied et les feuilles vertes des poireaux, nettoyez et lavez soigneusement les blancs. Lavez les courgettes.
Plongez les tomates 1 minute dans l'eau bouillante.
Puis pelez-les, coupez tous les légumes en petits dés.
Versez l'huile d'olive dans une marmite et faites-y réduire tous les légumes à feu doux. Remuez régulièrement.
Pelez l'ail et rajoutez-le dans la marmite.
Dans une casserole, faites chauffer le bouillon et versez-le dans la marmite.
Ajoutez les haricots avec leur eau de cuisson, 2 branches de basilic, le persil et le thym.
Couvrez et laissez cuire à feu doux pendant 45 minutes.
Salez et poivrez.
Jetez les pâtes dans la marmite et prolongez la cuisson pendant 3 minutes.
Retirez le thym et le persil.
Versez le minestrone dans une soupière. Parsemez-le du basilic restant et servez-le accompagné de parmesan râpé.

AMARCORD

« Je me souviens » en dialecte romagnol. Italie. 1973

Réalisation : Federico Fellini
Interprètes : Magali Noël (la Gradisca), Armando Brancia (le père de Titta), Pupella Maggio (la mère de Titta), Bruno Zanin (Titta).
Oscar du meilleur film étranger en 1974.

LE RÉSUMÉ

À travers cette chronique de la vie quotidienne d'une petite ville de l'Italie paresseuse et fasciste d'avant-guerre, Federico Fellini nous livre ses souvenirs d'enfance.

LA SCÈNE

Dans la famille Titta, comme dans toutes les familles italiennes, le repas est sacré. Tout le monde s'y retrouve. L'oncle, un grand benêt qui jongle avec des ronds de serviette et des morceaux de pain. Les parents qui n'arrêtent pas de hurler. Les enfants et les grands-parents qui n'ont rien à dire. Et on s'engueule à l'italienne, autour d'un minestrone, d'un poulet à la sauge et d'un risotto nature. Un à un, les protagonistes vont quitter la table, laissant seul le père de famille que plus personne n'écoute. De rage, il arrachera la nappe et se retrouvera cul par-dessus tête.

MOULES MARINIÈRE

Scénario pour 4 personnes
Préparation : 40 minutes
Cuisson : 9 minutes

- *2 l de moules*
- *80 g de beurre*
- *2 échalotes*
- *3 branches de persil*
- *1 verre de vin blanc*
- *1 branche de thym*
- *1 branche de laurier*
- *poivre*

Nettoyez les moules. Mettez-les à cuire dans une casserole avec les échalotes hachées, le vin blanc, une branche de persil préalablement haché, le thym, le laurier et le poivre.
Lorsque les moules sont ouvertes, elles sont cuites.
Passez le jus de cuisson sur un linge humide de façon à retenir le sable.
Mettez le jus ainsi obtenu dans une casserole avec le beurre et le persil haché (conservez-en une branche).
Laissez bouillir quelques minutes. Ôtez du feu.
Saupoudrez de persil haché.

LE SENS DE LA VIE

The Meaning of Life. Grande-Bretagne. 1982

Réalisation : Terry Jones, Terry Gilliam
Interprètes : Graham Chapman, Michael Palin, Terry Gilliam, Terry Jones, John Cleese, Eric Idle.

LE RÉSUMÉ

De vieux employés d'une compagnie d'assurances se révoltent contre le système... une éducation sexuelle déjantée...
les problèmes de surpopulation dans le monde catholique... les greffes en tout genre...
la nourriture et la mort... Les Monty Python abordent successivement tous ces thèmes dans un film à sketches pétris d'humour... Mordant !

LA SCÈNE

M. Créosote, un énorme bonhomme, entre dans un restaurant. Il est accueilli par un maître d'hôtel affable... S'ensuit une des scènes les plus « gerbantes » de l'histoire du cinéma. Estomacs délicats s'abstenir.
Le maître d'hôtel présente les entrées alors que le ventripotent régurgite sur la carte. Le maître d'hôtel, du revers de la manche, essuie le vomi.

Le maître d'hôtel :
- Moules marinière, foie gras, caviar Béluga, Œufs en meurette ou tarte aux poireaux... cuisses de grenouilles frites à la sauce provençale, une merveille... œufs de caille nappés d'une purée de champignons... un plat très fin...une saveur très subtile.

M. Créosote :
- Je veux tout !

Le maître d'hôtel :
- Un choix de gourmet... Est-ce que vous désirez que l'on vous serve le tout pêle-mêle dans un seau... Monsieur ?

M. Créosote :
- Oui, avec des œufs à cheval.
À la fin du repas, M. Créosote explose dans un bruit immonde. Ses entrailles vont inonder les convives dégoûtés qui sont proches de sa table.

NOUILLES SAUTÉES AU BŒUF

Scénario pour 4 personnes
Préparation : 20 minutes
Cuisson : 10 minutes

- *125 g de nouilles de riz plates, séchées*
- *1 oignon moyen*
- *2 cuillerées à soupe d'huile*
- *2 cuillerées à café de curry doux*
- *1/2 cuillerée à café de sel*
- *80 g de petits pois*
- *60 ml de bouillon de légumes*
- *2 cuillerées à café de sauce de soja*
- *125 g de filet de bœuf découpé en lanières*
- *1 cuillerée à soupe de rhum blanc*

Mettez les nouilles dans une jatte, couvrez d'eau bouillante et laissez tremper 20 minutes. Égouttez-les bien.

Faites chauffer l'huile dans un wok, incorporez les lamelles de bœuf, laissez cuire 5 minutes en remuant bien et flambez avec le rhum. Réservez la viande.

Dans le wok mettez l'oignon à feu vif pendant 1 minute, ajoutez le curry, le sel et les nouilles. Remuez bien.

Ajoutez les petits pois, le bouillon de légumes et la sauce de soja. Remuez le tout.

Couvrez le wok et laissez réduire à feu doux pendant 3 minutes.

Incorporez la viande de bœuf et réchauffez 1 minute.

LE FESTIN CHINOIS

The Chinese Feast. Hong Kong. 1995

Réalisation : Tsui Hark
Interprètes : Leslie Cheung, Anita Yuen, Chiu Man-Cheuk.

LE RÉSUMÉ

Entre les deux chefs des restaurants les plus renommés de la ville, la concurrence est rude et, pour régner seul sur l'art de la bouche, le plus arrogant des deux vient provoquer l'autre dans un duel culinaire. Il se propose de l'affronter au cours du festin Qin Han, le fameux « Festin chinois ». Une joute au cours de laquelle nos deux « toqués » devront préparer les plats les plus compliqués de la gastronomie chinoise.

LA SCÈNE

Notre provocateur vient voir son rival. Il s'incruste dans ses cuisines et prépare devant lui, histoire de le titiller, des nouilles sautées au bœuf. L'un des assistants cuisiniers regarde, amusé, la scène. Mais son chef, lui, ne rigole pas et prend la démonstration très au sérieux.

L'assistant cuisinier :
- C'est la base. S'il s'imagine nous impressionner avec des nouilles au bœuf.

Le chef :
- Contrairement à ce que vous croyez, c'est le plat le plus difficile à réussir avec le porc aigre-doux. Il faut savoir doser la sauce pour ne pas altérer la saveur. La viande doit être saisie, quelques instants, pour rester tendre. On mélange ensuite les deux ingrédients pour parfaire la cuisson. Lorsque la cuisson est réussie, au dernier coup de baguette, pas

une goutte d'huile ou de sauce ne doit rester au fond du bol, l'ensemble devant être ni trop gras ni trop sec, bien à point.

Le chef goûte le plat et donne son avis.

Le chef :

- C'est très savoureux. Les nouilles sont croustillantes. Délicatement parfumées. La cuisson est parfaite. L'ensemble est prodigieux. Vous goûterez bien mon porc aigre-doux ? C'est l'une de mes nombreuses spécialités.

OMELETTE AUX FINES HERBES

Scénario pour 2 personnes
Préparation : 10 minutes
Cuisson : 7 minutes

- *4 œufs*
- *1 cuillerée à soupe de lait*
- *2 cuillerées à soupe de fines herbes*
- *1 noix de muscade*
- *sel*
- *poivre*

Battre les œufs avec le lait.
Ajoutez les fines herbes ciselées, une pincée de noix de muscade, du sel, du poivre.
Faites cuire en omelette.
Servez accompagné d'une bonne fougasse aux lardons.

LE DÎNER DE CONS

France. 1998

Réalisation : Francis Veber
Interprètes : Thierry Lhermitte (Pierre Rochant), Jacques Villeret (François Pignon), Francis Huster (Just Leblanc), Daniel Prévost (Lucien Cheval).

LE RÉSUMÉ

Pour s'amuser, Pierre Rochant et ses amis n'ont d'autre distraction que d'organiser chaque semaine un dîner de cons. Un con authentique est idéal pour cette fête de l'esprit. Tout le monde part à la chasse et chacun rapporte le sien. À la fin du repas, celui qui a trouvé le plus beau spécimen a gagné. Pierre Rochant a trouvé son con en la personne de François Pignon, un inspecteur des impôts, dont la grande passion est la construction de tour Eiffel en allumettes. Pierre invite François chez lui et, même si, comme il est dit dans la chanson de Georges Brassens : « Le temps ne fait rien à l'affaire, quand on est con, on est con », dans ce film le plus con n'est finalement pas toujours celui qu'on pense.

LA SCÈNE

À l'énoncé du titre de ce film, on se voit déjà à table ; hélas pour le gastronome, celui-ci restera sur sa faim. Exception faite d'une scène où Cheval, un petit inspecteur des impôts, se tape la cloche chez Pierre et se fait servir une omelette aux fines herbes, on fait maigre pitance dans ce film. C'est plutôt l'humour que le réalisateur a décidé de nous servir, et c'est tant mieux, car les parts sont copieuses et il y a même du rab.

PAELLA

Scénario pour 10 personnes
Préparation : 30 minutes
Cuisson : 1 heure 30

- *1 poulet de 1,5 kg*
- *500 g de calmars*
- *1 l de moules*
- *10 chipolatas*
- *10 langoustines*
- *1 langouste de 600 g environ*
- *3 poivrons verts*
- *3 poivrons rouges*
- *1 poignée de haricots verts cuits*
- *1 boîte de petits pois*
- *1 cuillerée à café de safran*
- *1 gros oignon*
- *1 gousse d'ail*
- *4 tomates réduites dans de l'huile d'olive*
- *30 cuillerées à soupe de riz non lavé*
- *de l'huile d'olive*
- *poivre de Cayenne*
- *sel*

Fendez en deux, dans la longueur, la langouste vivante et grillez-la à feu doux, en comptant une demi-heure pour une langouste de 1 kg. On peut aussi, pour ne pas faire durcir la chair, la cuire entière au court-bouillon pendant 20 minutes et ensuite la couper en deux et la faire griller 10 minutes.
Pendant ce temps, faites dorer les morceaux de poulet, les calmars, l'oignon, l'ail et les poivrons dans l'huile. Il faut que le tout prenne de belles couleurs.
Ajoutez, dans leurs carapaces, les langoustines, les moules, la langouste cuite, faites revenir le tout.
Répandez les tomates cuites, ajoutez le riz sec et tournez, salez, poivrez, safranez et laissez mijoter.
Ajoutez de l'eau chaude dans la proportion de deux tasses pour une tasse de riz. Laissez cuire 30 minutes.
Ajoutez les chipolatas et laissez mijoter 15 minutes.
Mettez les petits pois et les haricots verts, encore 15 minutes et c'est cuit.
Il ne reste plus qu'à former un dôme avec le riz dans le plat et à décorer avec les crustacés et les légumes.

UN SINGE EN HIVER

France. 1961
Réalisation : Henri Verneuil
Interprètes : Jean Gabin (Albert Quentin),
Jean-Paul Belmondo (Gabriel Fouquet), Suzanne Flon (Suzanne Quentin).

LE RÉSUMÉ

Hôtelier dans une petite station balnéaire en Normandie, Albert Quentin a promis à sa femme de ne plus boire d'alcool. Il en est devenu morose, quand surgit à l'hôtel un jeune fougueux, Fouquet, et avec lui la tentation des nuits d'ivresse...

LA SCÈNE

Gabriel Fouquet est sur la plage avec Albert Quentin. Ils ramassent des coquillages pour la paella que Gabriel a décidé de préparer. Il fait alors l'éloge de ce plat espagnol.

Gabriel :

- Que ce soit la révolution ou la paella, dites-vous bien que rien de ce qui est espagnol n'est simple. Une paella sans coquillages, c'est un gigot sans ail, un escroc sans rosette, quelque chose qui déplaît à Dieu. Moi, au temps de mes amours, je confectionnais la paella comme personne.

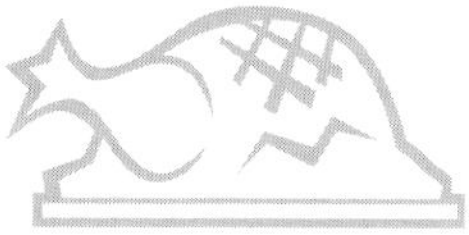

PAIN PERDU

FRENCH TOAST

Scénario pour 4 personnes
Préparation : 10 minutes
Cuisson : 5 minutes par tranche

- *6 tranches de pain rassis*
- *15 cuillerées à soupe de lait*
- *3 œufs*
- *40 g de sucre*
- *1 sachet de sucre vanillé*
- *1/2 cuillerée à café de cannelle en poudre*
- *50 g de beurre*

Coupez les croûtes des tranches de pain. Battez le lait en y incorporant les œufs, le sucre, le sucre vanillé et la cannelle. Disposez les tranches de pain côte à côte sur un grand plat et versez le liquide sur le pain pour l'imbiber. Faites chauffer la moitié du beurre.
En vous servant d'une spatule très large, disposez les tranches de pain par paires dans la poêle à frire. Laissez-les cuire jusqu'à ce que la face touchant le fond de la poêle soit plus ou moins durcie et bien dorée. Retournez les tranches de pain et laissez cuire l'autre face de la même manière.
Disposez les tranches sur un grand plat. Saupoudrez de sucre. Servez très chaud.

KRAMER CONTRE KRAMER

Kramer Vs Kramer. USA. 1979

Réalisation : Robert Benton

Interprètes : Dustin Hoffman (Ted Kramer), Meryl Streep (Joanna Kramer), Justin Henry (Billy Kramer).

LE RÉSUMÉ

Joanna Kramer est malheureuse, elle décide de quitter son mari Ted pour vivre une autre vie. Désemparée, elle lui laisse la garde de Billy, leur petit garçon de cinq ans. N'ayant pas le choix, Ted Kramer engage un véritable parcours du combattant pour concilier sa vie professionnelle et l'éducation de son fils. Mais quand, enfin, père et fils semblent avoir trouvé un équilibre, Joanna revient et exige la garde de son enfant. Ted refuse de le rendre à sa mère. Chez les Kramer, la guerre est alors déclarée.

LA SCÈNE

La scène réunit Ted et Billy pour un premier petit déjeuner d'anthologie. Peu au fait des tâches ménagères, Ted va tenter d'apprendre à son fils la recette du *french toast*, notre pain perdu.

PÂTÉ EN CROUTE AU POULET

Scénario pour 6 personnes
Préparation : 30 minutes
Cuisson : 1 heure 30

- *4 blancs de poulet*
- *250 g de lard gras*
- *300 g de foie de porc*
- *250 g de veau*
- *250 g de viande de porc*
- *700 g de farine*
- *6 œufs*
- *250 g de beurre*
- *1 botte de persil*
- *1 botte de ciboulette*
- *1 branche d'estragon*
- *1 cuillerée à soupe de cognac*
- *sel*
- *poivre du moulin*

Faites une pâte brisée avec la farine, cinq œufs et le beurre. Hachez le porc et le veau. Préparez la farce avec ces deux viandes, les fines herbes hachées, un œuf, une bonne pincée de sel et de poivre.
Chemisez le moule à pâté avec la pâte brisée en gardant une partie de la pâte pour refermer le pâté.
Placez une couche de farce dans le fond, le foie coupé en tranches et enroulé dans le lard, puis ajoutez les blancs de poulet. Recouvrez avec la farce, ajoutez le cognac et fermez le pâté.
Avec un œuf légèrement battu, badigeonnez au pinceau le dessus du pâté. Faites une petite cheminée d'un centimètre de diamètre au milieu de celui-ci avec un morceau de carton. Faites cuire à 180 °C pendant 1 h 30.
Laissez reposer un peu avant de servir.

CHICKEN RUN

Grande-Bretagne. 2000

Réalisation : Nick Park et Peter Lord.

LE RÉSUMÉ

Pour ne pas finir à la casserole, les poules qui vivent dans l'univers concentrationnaire de la ferme de Miss Tweedy ne rêvent que d'une chose : prendre la poudre d'escampette. Pour se faire belle, tous les moyens sont bons. Hélas ! rien n'y fait, malgré toutes les ruses élaborées par Ginger, la plus intelligente des gallinacées de cette ferme en folie : ces chères poulettes, qui ont des dents, sont incapables de s'envoler vers un meilleur avenir. Les poules ne savent pas voler, c'est un fait ! Forte de cette constatation, Ginger va faire appel à Rocky, un coq ricain, du style *latin lover* qui, un beau matin, s'écrase par hasard dans le poulailler. Mais quand il tente d'enseigner le vol à ses comparses, rien ne décolle. Toutefois, l'appel de la liberté et un petit coup de pouce du hasard vont donner des ailes à ces poulets au moment de tenter une dernière évasion.

LA SCÈNE

Dans l'une des scènes de ce film vraiment « œuforisant », Miss Tweedy, qui en a plus qu'assez de ses maigres gains issus de la vente des œufs, rêve de faire des profits substantiels et de transformer son élevage en mine aux œufs d'or. Elle achète alors une machine automatique à fabriquer des pâtés en croûte au poulet. L'horreur est à son comble dans le cercle de nos amies poulettes et Ginger est à deux doigts d'y laisser quelques plumes. Heureusement, Rocky va la sauver *in extremis* de la terrible machine que Miss Tweedy présente à son mari.

Mr Tweedy :
- Oh, ça a l'air champion, ce truc-là ! À quoi ça sert ?

Miss Tweedy :
- C'est une « Pâtématique », sombre idiot. Poulet à l'entrée... pâté en croûte à la sortie !

Mr Tweedy :
- Mais qu'est-ce qu'il y aura dedans ?

Miss Tweedy :
- Des poires !

Mr Tweedy :
- Mon fruit préféré !

Miss Tweedy :
- Des morceaux de poulets, pauvre crâne de mammouth ! Imaginez, dans moins de deux semaines, nous fournirons à toutes les épiceries d'Angleterre des milliers de petites boîtes de pâté de volaille en croûte... Maison... De madame Tweedy.

PENNES À LA SAUCE TOMATE

Scénario pour 4 personnes
Préparation : 15 minutes
Cuisson : 10 minutes

- *500 g de pennes*
- *3 cuillerées à soupe d'huile d'olive*
- *2 cuillerées à soupe de basilic frais haché*
- *1 oignon finement haché*
- *500 g de tomates bien mûres coupées en petits dés*

Faites cuire les pennes *al dente* dans l'eau bouillante salée avec une cuillerée à soupe d'huile d'olive. Pendant ce temps, chauffez à feu moyen le reste de l'huile d'olive. Faites-y revenir l'oignon et ajoutez les tomates. Laissez mijoter 7 minutes pour faire réduire la sauce. Salez et poivrez. Ajoutez le basilic haché et laissez cuire encore 1 minute.
Égouttez les pennes et remettez-les dans la casserole. Versez la sauce sur les pâtes, juste avant de servir et remuez.

AFFREUX, SALES ET MÉCHANTS

Brutti, sporchi e cattivi. Italie. 1976

Réalisation : Ettore Scola
Interprètes : Nino Manfredi (Giacinto Mazzatella), Linda Moretti (Mathilde Mazzatella), Francesco Annibaldi (Domizio), Ettore Garofalo (Camillo), Franco Merli (Fernando).
Prix de la mise en scène à Cannes en 1976.

LE RÉSUMÉ

Dans un bidonville de la banlieue de Rome, c'est une véritable tribu qui se presse autour de son patriarche, Giacinto. Alcoolique, lubrique et despotique, ce dernier vit dans la terreur qu'on lui barbote son magot : un million de lires, obtenu pour la perte d'un œil. Avant ce film, la comédie italienne n'était jamais allée aussi loin dans la noirceur et le cynisme.

LA SCÈNE

Sa famille, bien décidée à se débarrasser de lui, organise un grand banquet. Au menu : un plat de pennes à la sauce tomate et à la mort aux rats. Notre homme s'en sort par miracle, après un sérieux mal de panse et quelques vomissements. Il se venge en incendiant sa baraque et en vendant ce qu'il en reste à une famille nombreuse tout juste arrivée de Calabre.
Ce repas est la seule scène du film qui n'inspire pas l'inappétence car même si les pennes sont empoisonnées, l'image des assiettes de pâtes fumantes qui passent de convive en convive est tellement bien léchée... qu'on en mangerait.

Giacinto :
- Tu t'enfiles cette plâtrée et tu ressuscites... Faites passer l'eau.
Il s'adresse à sa femme :
- C'est au fumet qu'on reconnaît la cuisinière, bravo ! tu t'améliores.

Sa femme :
- Mangeons... Ça va refroidir !

Giacinto (plaisantant) :
- Mémé les veut *al dente*... Le peccorino, ça relève le goût.

POMMES AU FOUR

Scénario pour 4 personnes
Préparation : 10 minutes
Cuisson : 40 minutes

- *4 pommes acidulées*
- *4 cuillerées à soupe de sucre*
- *4 noix de beurre*
- *4 pincées de cannelle*

Enlever le centre des pommes non épluchées. Remplissez-le avec du sucre en poudre. Mettez une noix de beurre frais sur le dessus. Placez les fruits sur un plat à four. Mettez une cuillerée à soupe d'eau dans le fond. Laissez cuire au four à 200 °C, pendant 40 minutes. Saupoudrez de cannelle.

AVRIL ENCHANTÉ

Enchanted April. Grande-Bretagne. 1992

Réalisation : Mike Newell
Interprètes : Miranda Richardson (Rose Arbuthnot), Josie Lawrence (Lottie), Joan Plowright (Mrs. Fisher), Polly Walker (Caroline Dester).

LE RÉSUMÉ

Dans l'Angleterre du début du siècle, Lottie, une femme mariée, veut fuir, le temps des vacances, la monotonie de son existence. Elle décide de louer un petit château en Ligurie et, pour diminuer les frais, partage ce havre de paix avec trois femmes de caractère et de milieu très différents. Des différences qui vont rapidement se faire sentir et entraîner quelques heurts. Mais, peu à peu, la beauté du paysage paradisiaque et la tranquillité des lieux vont atténuer les hostilités des premiers jours, et de cette rencontre hasardeuse naîtra une longue et belle amitié.

LA SCÈNE

Lottie ne sait pas comment annoncer à Melech, son mari, la nouvelle de son départ. Elle risque une timide tentative pendant le déjeuner dominical. La scène commence par un gros plan de bouche dans laquelle farfouillent deux doigts à la recherche d'une arête ; Melech vient de se boulotter une sole avec des légumes bouillis.

Lottie :
- Melech, j'ai bien réfléchi et constaté que le temps est détestable cette année, je me suis dit...Vous ne voudriez pas...Vous ne voudriez pas... Elle se ravise.

Melech (la bouche pleine)
- Hum !

Lottie :
- ... Des pommes au four ?

Melech :
- Oui, j'adore les pommes au four, on est gâté ce soir...Vous ne finissez pas votre sole ?

POTAGE AUX HERBES

Scénario pour 5 personnes
Préparation : 20 minutes
Cuisson : 1 heure

- *1 kg d'herbes : ortie, oseille et pourpier*
- *600 g de pommes de terre farineuses*
- *3 cuillerées à soupe d'huile d'olive*
- *de l'eau*
- *200 g de croûtons de pain frottés à l'ail*
- *sel*

Lavez les herbes et hachez-les. Faites-les revenir dans une marmite avec deux cuillerées à soupe d'huile d'olive.
Coupez les pommes de terre en petits morceaux, et ajoutez-les aux herbes.
Rajoutez de l'eau, salez et portez à ébullition.
Laissez mijoter une heure. Pendant ce temps, faites rissoler les croûtons dans une cuillerée à soupe d'huile d'olive.
Servez le tout.

LE CHARME DISCRET DE LA BOURGEOISIE

France. 1972

Réalisation : Luis Buñuel
Interprètes : Fernando Rey (l'ambassadeur), Paul Frankeur (Thévenot), Bulle Ogier (Florence), Stéphane Audran (Mme Sénéchal), Delphine Seyrig (Mme Thévenot), Michel Piccoli (le ministre), Jean-Pierre Cassel (Sénéchal).
Oscar du meilleur film étranger en 1972.

LE RÉSUMÉ

Dans cette satire de la bourgeoisie décadente, un ambassadeur américain, deux notables et leurs épouses tentent de se réunir autour d'un bon repas. Mais chaque tentative coïncide avec un incident étrange, une mort fâcheuse et faucheuse, des manœuvres militaires fantaisistes, une arrestation arbitraire, et reporte le repas au lendemain.

LA SCÈNE

Nos notables sont attablés chez les Sénéchal. Madame a concocté un petit potage aux herbes du jardin et un gigot aux flageolets. Son mari, grand praticien du savoir-vivre, rappelle que, par respect pour les convives, il faut toujours se mettre debout pour découper un gigot. Il joint le geste à la parole. À la fin du repas, la porte d'entrée vole en éclats, des terroristes font leur entrée et descendent les amphitryons et leurs invités. Mais cette scène n'est en fait qu'un cauchemar morbide de l'ambassadeur. Pour se remettre de ses émotions, il se rend dans sa cuisine et s'octroie une petite collation nocturne.

Mme Sénéchal :
– Je vous ai préparé un petit potage aux herbes du jardin ! C'est moi qui l'ai fait. J'ai failli ne pas faire de potage et je me suis dit : un repas sans potage, est-ce vraiment un repas ?

POT-AU-FEU

Scénario pour 4 personnes
Préparation : 15 minutes
Cuisson : 3 heures

- *500 g de plat de côtes*
- *1 os à moelle*
- *6 carottes*
- *4 navets*
- *3 poireaux*
- *1 branche de céleri*
- *1 bouquet de persil*
- *1 branche de thym*
- *2 l d'eau*
- *1 feuille de laurier*
- *1 oignon piqué d'un clou de girofle*
- *sel*
- *poivre*

Dans une marmite haute, mettez la viande et l'os. Recouvrez d'eau, portez à ébullition. Au fur et à mesure, écumez.
Dès les premiers bouillons, ajoutez les légumes épluchés mais non coupés. Salez, poivrez et ajoutez les condiments. Laissez mijoter pendant 3 heures. Vous dégraissez ensuite le bouillon, facilement puisqu'il remonte à la surface et forme une sorte de croûte.
Faites réchauffer le bouillon au moment de dîner, en prenant soin de le clarifier une demi-heure avant de servir.

MILOU EN MAI

France. 1989

Réalisation : Louis Malle
Interprètes : Michel Piccoli (Milou), Miou-Miou (Camille), Michel Duchaussoy (Georges).

LE RÉSUMÉ

Mme Vieusac vit avec son fils, Milou, dans une grande propriété bordelaise. Lorsqu'elle décède, en mai 68, Milou convoque la famille pour la mise en terre. Ses sœurs l'attristent ; elles se disputent l'héritage et veulent vendre la propriété. L'arrivée d'un neveu étudiant et d'un copain routier qui aime la bonne chère et les jolies femmes sème le trouble dans la famille. Nos deux amis racontent les événements qui secouent la capitale. Apeurée par la révolution en marche, toute la famille se sauve dans les bois... La crainte passée, elle revient pour l'enterrement, et l'histoire reprend son cours.

LA SCÈNE

Toute la famille est réunie dans la grande maison familiale. Camille est dans la cuisine en compagnie d'Adèle, la gouvernante. Elles épluchent les légumes du pot-au-feu.
C'est la pénurie dans les boutiques, car tout le monde stocke de peur de manquer.

Camille :
– C'est tout ce qu'ils avaient comme carottes ?
Adèle :
– J'y peux rien. Les gens se sont jetés sur les légumes... Mme Cavignac, elle s'est fait livrer une demi-tonne de pommes de terre.
Camille :
– Elles vont germer.
Adèle :
– Bon, je mets la table pour combien ?
Camille :
– Pour dix... Même douze, on ne sait jamais...
Adèle :
– Depuis le dernier pot-au-feu, y paraît que, de la viande, y en a plus non plus...
Tout s'arrête partout... Les trains...
Les lettres...

PURÉE DE POMMES DE TERRE

Scénario pour 6 personnes
Préparation : 15 minutes
Cuisson : 30 minutes

- *12 pommes de terres à purée comme la grosse hollande à chair jaune*
- *2 pincées de noix de muscade*
- *200 g de beurre*
- *1 verre de lait entier*
- *sel*

Lavez, pelez et émincez les pommes de terre. Mettez-les dans une casserole avec un verre d'eau, 30 g de beurre, une pincée de sel et de muscade, et faites-les bouillir pendant 1 demi-heure.
Passez-les ensuite dans un tamis en les écrasant avec une spatule de bois.
Mouillez-les avec le lait chaud et le reste d'eau de cuisson.
Ajoutez le beurre restant en petites noix, mélangez le tout et servez bien chaud.

LA GRANDE BOUFFE

La Grande Abbuffata. Italie/France. 1973

Réalisation : Marco Ferreri
Interprètes : Marcello Mastroianni (Marcello), Ugo Tognazzi (Ugo), Michel Piccoli (Michel), Philippe Noiret (Philippe), Andréa Ferréol (Andréa).

LE RÉSUMÉ

Dans une maison 1900 du XVIe arrondissement de Paris, quatre amis décident de se suicider « à la bouffe » : Marcello, un pilote de ligne, Ugo, un restaurateur, Michel, un réalisateur de télévision et Philippe, le propriétaire des lieux, un juge. Le feu d'artifice gastronomique auquel ils se livrent met à mal leurs systèmes gastriques et les fait disparaître, un à un, dans d'horribles souffrances. Andréa, une maîtresse d'école aux formes généreuses, qui possède également un bon coup de fourchette, leur tient compagnie tout au long de leurs agapes. Elle est la seule à échapper à cette autolyse alimentaire.

LA SCÈNE

Alors que Michel est au bord de l'explosion, Ugo lui apporte un énorme plateau d'argent sur lequel trône une purée maison. Après quelques vents fort bruyants, Michel s'attaquera mollement à la purée. Ugo, pour l'encourager, aura cette phrase mordante :
– Mange, Michel, sinon tu vas pas mourir !

RISOTTO À LA MILANAISE

Scénario pour 6 personnes
Préparation : 5 minutes
Cuisson : 45 minutes

- *400 g de riz italien à grains ronds*
- *1 oignon*
- *40 g de beurre*
- *1 litre de bouillon de poule*
- *1 pincée de safran*
- *2 cuillerée à soupe de parmesan râpé*

Pelez et émincez l'oignon. Faites-le revenir avec le beurre.
Versez le riz en pluie dans la sauteuse et faites-le rissoler.
Versez peu à peu le bouillon en remuant sans cesse.
Vous en ajouterez au fur et à mesure qu'il sera absorbé, et ce jusqu'à ce que le riz soit cuit.
Comptez 30 à 45 minutes.
Incorporez le safran en fin de cuisson, additionnez de parmesan au moment de servir.

LA NUIT AMÉRICAINE

France. 1973

Réalisation : François Truffaut
Interprètes : Jean-Pierre Léaud (Alfonse), Jaqueline Bisset (Julie), François Truffaut (Ferrand), Jean-Pierre Aumont (Alexandre), Valentina Cortese (Séverine), Dani (Liliane).

LE RÉSUMÉ

Nice, les studios de la Victorine. Ferrand réalise son nouveau film : *Je vous présente Pamela*.
Le tournage s'avère chaotique. Il débute avec la rupture d'Alphonse, jeune premier qui tient le rôle principal, et de sa petite amie, Liliane, scripte stagiaire. Déprimé, Alphonse entreprend une aventure avec Julie, la star du film. Dans le même temps, Alexandre retrouve Séverine, une ancienne vedette qui a sombré dans l'alcool. Peu avant la fin du tournage il disparaît dans un accident de voiture. Le scénario doit être transformé et, comme on dit dans le métier, *the show must go on*.

LA SCÈNE

Alexandre arrive sur le tournage du film.
Il y apprend que Séverine, une de ses anciennes amies et amantes, joue également dans le film.
Il va la retrouver dans sa loge.
Ils évoquent ensemble le temps où ils étaient amoureux... Et où Alexandre se passionnait pour les risottos à la milanaise, préparés par Séverine.

Séverine :
– Tu sais que, pour toi et seulement pour toi, je serais capable de me remettre à faire la cuisine... Les risottos à la milanaise comme ils te plaisaient... Tu les aimais beaucoup, non ?
Alexandre :
– Ah ! ben justement, je ne les aime plus...
Séverine :
– Cosa...
Alexandre :
– Mais non... Je blaguais... Je les mangerai, tes risottos à la milanaise.

RISOTTO AU PISTOU

Scénario pour 4 personnes
Préparation : 30 minutes
Cuisson : 25 minutes

- *400 g riz*
- *1 botte de basilic*
- *20 cl crème fraîche*
- *200 g d'emmenthal en petits morceaux*
- *1 oignon*
- *25 cl de vin blanc sec*
- *1 l de bouillon de volaille*
- *40 g de beurre*
- *2 cuillerées à soupe d'huile d'olive*
- *3 cuillerées à soupe de parmesan*
- *sel*
- *poivre*

Hachez finement l'oignon et faites-le revenir dans le beurre et l'huile.
Versez le riz et faites-le revenir en remuant pendant 1 minute.
Arrosez-le peu à peu avec le vin et attendez que celui-ci s'évapore. Ajoutez le basilic mixé tout en remuant et commencez à verser le bouillon très chaud, une louche à la fois.
Environ 5 minutes avant la fin de la cuisson du riz, ajoutez la crème fraîche et le fromage.
À la fin, complétez avec les trois cuillerées à soupe de parmesan. Poivrez et rajoutez du sel à votre convenance.

BIG NIGHT

USA. 1996

Réalisation : Stanley Tucci
Interprètes : Stanley Tucci (Secundo), Tony Shalhoub (Primo), Ian Holm (Pascal), Isabella Rossellini (Gabriella).

LE RÉSUMÉ

Les frères Primo et Secundo, des Italiens exilés en Amérique, décident d'ouvrir un restaurant italien qui devrait assurer leur fortune. Le jour venu, ils attendent impatiemment la venue de Louis Prima, un événement qui devrait lancer leur affaire. Secundo, en businessman avisé, veille à ce que tout soit parfait.

LA SCÈNE

En cuisine, Primo – le cordon bleu aux mains d'or – s'affaire sur l'une de ses spécialités, le *Timpano*. Patriote dans l'âme et nostalgique du pays, il concocte également trois risottos aux couleurs du drapeau italien : vert au pistou, blanc aux oignons et rouge aux fruits de mer. Le soir de la fête, tous les voisins et tous les amis sont là... Mais, hélas pour nos deux ritals, la vedette n'arrive jamais et le rêve des deux frères tombe à l'eau.

RISOTTO AUX POIS CHICHES

Scénario pour 4 personnes
Préparation : 5 minutes
Cuisson : 25 minutes

- *400 g de riz*
- *50 g de poitrine fumée*
- *200 g de pois chiches*
- *100 g de parmesan*
- *1 botte de persil ciselé*
- *70 cl de bouillon de bœuf*
- *1 oignon*
- *40 g de beurre*
- *2 cuillerées à soupe d'huile d'olive*

Émincez l'oignon et coupez la poitrine en petits cubes. Dans une marmite, faites chauffer l'huile. Faites-y blondir l'oignon, ajoutez la poitrine, le riz et laissez cuire le tout 2 minutes en remuant bien.
Mouillez peu à peu avec le bouillon chaud.
Ajoutez les pois chiches, et laissez cuire 20 minutes en ajoutant, dès qu'il le faut, un peu de bouillon.
Rectifiez l'assaisonnement.
Au moment de servir, ajoutez le parmesan, le persil et des petits morceaux de beurre.

LE PIGEON

I Soliti Ignoti. Italie. 1958

Réalisation : Mario Monicelli
Interprètes : Vittorio Gassman (Pepe), Marcello Mastroianni (Tiberio), Renato Salvatori (Mario), Totó (Dante), Memmo Carotenuto (Cosimo).

LE RÉSUMÉ

Une bande de quatre petits malfrats prépare un gros coup. Mais Cosimo, le cerveau de cette joyeuse troupe de bras cassés, se retrouve en taule. Pour le faire libérer et moyennant finance, Pepe, un boxeur médiocre, s'accuse à sa place. Cosimo reste au trou et Pepe s'improvise alors chef de la bande. Aidé de ses trois compères, il s'attaque au coffre-fort du Mont-de-Piété.

LA SCÈNE

Au cours de leur hold-up, nos lascars, en vrais loosers, se trompent de mur et atterrissent dans la cuisine d'un appartement. Ils y trouvent les restes d'un risotto aux pois chiches. Ce larcin fera la une des journaux du lendemain :
« Des voleurs percent le mur d'un appartement et emportent un risotto aux pois chiches. »

RIZ CANTONAIS

Scénario pour 4 personnes
Préparation : 20 minutes
Cuisson : 30 minutes

- *200 g de riz long en grains*
- *150 g de petits pois*
- *2 oignons*
- *2 tranches de jambon de Paris*
- *50 g de saindoux*
- *4 œufs*
- *sel*
- *poivre blanc*

Après les avoir écossés, plongez les petits pois dans une casserole d'eau bouillante et laissez cuire 20 minutes. Dans une seconde casserole d'eau bouillante salée, plongez le riz et laissez-le cuire 20 minutes.
Dans un wok, mettez la moitié du saindoux et faites revenir les oignons émincés. Ajoutez le riz et les petits pois. Faites cuire le tout 5 minutes en remuant. Baissez le feu et faites mijoter 5 minutes.
Avec les œufs, faites une omelette dans le reste de saindoux. Salez et poivrez.
Découpez le jambon et l'omelette en fines lanières et mettez-les dans un saladier avec le reste des ingrédients. Remuez et servez bien chaud.

BEETLEJUICE

USA. 1988

Réalisation : Tim Burton
Interprètes : Alec Baldwin (Adam), Geena Davis (Barbara), Michael Keaton (Beetlejuice).

LE RÉSUMÉ

Fraîchement mariés, Adam et Barbara sont les heureux propriétaires d'une maison dans le Connecticut. C'est le bonheur en couleurs, tout va bien dans le plus américain des mondes. Mais hélas ! le destin vient briser cette béatitude bucolique et un accident de voiture les envoie *ad patres*. Ils deviennent alors des fantômes et découvrent avec épouvante que leur domicile est envahi par une opulente et tonitruante famille de branchés new-yorkais. Pour essayer de s'en débarrasser, ils font alors appel à Beetlejuice, un revenant diabolique.

LA SCÈNE

Le premier repas de leurs envahisseurs est chinois. Belle-mère loufoque et belle-fille tout de noir vêtue, qui au demeurant ne s'entendent pas très bien, ont trouvé un nouveau prétexte de se chamailler : la cuisine. Leurs goûts divergent ; l'une a une préférence pour le riz cantonais, alors que l'autre se laisserait tenter par un riz à la setchouanaise. Pris entre les feux de ses deux folles, le seul mâle de la maisonnée essaye tant bien que mal d'accorder ses casseroles.

La belle-mère :
- Encore du riz cantonais ! Le setchouanais c'est pour les chiens ?

La fille :
- Je vais avoir une attaque avec leur glutamate.

La belle-mère :
- C'est notre premier repas ici, tâchons qu'il se passe bien.

Le père (à sa fille) :
- Cesse de harceler ta mère ; dès que nous serons installés, nous te ferons une chambre noire.

La fille :
- Ma vie entière n'est qu'une chambre noire, une seule immense chambre noire !

La mère :
- Tu étais mal à New York, tu vas être mal chez les péquenots ; au moins, toi, tu assures une continuité.

Le père :
- Quel bonheur, les New-Yorkais ne savent pas ce qu'ils ratent !

ROGNONS DE PORC GRILLÉS

Scénario pour 4 personnes
Préparation : 10 minutes
Cuisson : 5 minutes

- *1 kg de rognons de porc*
- *50 g de beurre fondu*
- *1 citron*
- *1/2 botte de persil*

Prenez des rognons, enlevez la peau, fendez-les en deux sans les séparer complètement. Enfilez-les dans une brochette de façon qu'ils restent ouverts. Trempez-les dans du beurre, placez-les 5 minutes sur feu vif. Retirez les brochettes, mettez dans un plat avec une boulette de beurre et une tranche de citron. Parsemez de persil.

LA TRAVERSÉE DE PARIS

France. 1956

Réalisation : Claude Autant-Lara
Interprètes : Jean Gabin (Grandgil), Bourvil (Marcel Martin), Louis de Funès (Jambier).

LE RÉSUMÉ

Marcel Martin, chauffeur de taxi au chômage, a pour habitude de transporter de la viande destinée au marché noir pour le compte de Jambier, un boucher un tantinet fesse-mathieu. Le jour où son coéquipier lui fait faux bond, il s'acoquine avec Grandgil, un peintre rencontré dans une gargote. Voilà nos deux compères lancés dans une traversée de Paris « croquignolesque », avec des valises pleines du cochon que leur a confié le cupide Jambier.

LA SCÈNE

Grandgil vient de voler du charbon sur une péniche. Poursuivi par la police, il entre dans un estaminet pour se laver les mains. Marcel, à la recherche d'un complice, l'invite à sa table et lui propose de l'aider à convoyer la viande d'un cochon tué par Jambier. Alors que les Parisiens sont en pleine disette, nos deux compères se font préparer les rognons de l'animal. L'arrivée du plat va faire des jaloux.

Un client, voyant passer les rognons :
- C'est des rognons de porc grillés... Je voudrais bien savoir où il les ont pris.

Le premier client :
- Dans un cochon...

Le second client :
- Ça existe encore, les cochons ?

Une cliente :
- Voyez-vous, le rognon de porc, ça vaut pas le rognon de veau. La dernière fois... c'était y a un an, chez ma sœur, dans la Côte-d'Or... Il les font au vin rouge...

Le premier client :
- Moi, la dernière fois, ça remonte plus loin... c'était aux Halles, pendant ma permission, tu te rappelles ?

La cliente :
- Où est-ce qui sont les rognons maintenant ?

Une autre cliente :
- Ce sont les Allemands qui les prennent... naturellement !

Le second client :
- Ils ont bien le droit... Aux vainqueurs les rognons !

La première cliente
(regardant le second client) :
- Moi, ce que je voudrais manger maintenant... c'est du rognon d'homme.

SALADE DE PAPAYE

Scénario pour 4 personnes
Préparation : 40 minutes
Cuisson : 10 minutes

- *350 g de blanc de poulet*
- *1 grosse papaye verte*
- *20 g de menthe*
- *15 g de feuilles de coriandre*
- *2 piments rouges, égrainés et émincés*
- *2 cuillerées à soupe de sauce de poisson*
- *1 cuillerée à soupe de vinaigre de riz*
- *1 cuillerée à soupe de jus de citron vert*
- *2 cuillerées à café de sucre*
- *2 cuillerées à soupe de cacahuètes finement hachées*

Dans une marmite, recouvrez le poulet d'eau à hauteur. Ajoutez le vinaigre et laissez frémir 10 minutes. Ôtez le poulet et laissez-le refroidir complètement. Émincez. Pelez la papaye et coupez la pulpe en longues lanières. Mélangez avec la menthe, la coriandre ciselée, les piments égrenés et émincés, la sauce de poisson, le sucre et le citron vert. Dressez le mélange à la papaye sur un plat et recouvrez-le avec le poulet. Parsemez ce plat de cacahuètes hachées.

L'ODEUR DE LA PAPAYE VERTE

France. 1993

Réalisation : Tran Anh Hung
Interprètes : Lu Man San (Mui à 10 ans), Tran Nu Yên-Khê (Mui à 20 ans), Truong Thi Lôc (la mère), Vuong Hoa Hôi (Truong).

LE RÉSUMÉ

Dans le Vietnam des années cinquante, Mui est placée comme servante dans une famille. En dépit de sa condition, elle y vit heureuse. Elle travaille sous la houlette d'une vieille servante, Thi, qui lui apprend le métier. Dix ans plus tard, Mui est contrainte de quitter ce foyer. On la retrouve chez Truong, un musicien ami de la famille, qu'elle aime en secret. Celui-ci délaisse bientôt sa fiancée pour se laisser séduire par Mui.

LA SCÈNE

Thi, la vieille servante, explique à Mui la recette d'un plat dont raffolent ses maîtres.

Thi :

- Rappelle-toi ; pour ce plat, la graisse doit être chaude. Fais sauter le légume, il faut le brûler, ça parfume ! Faut pas trop cuire, ça ramollit. Ensuite, tu le mets de côté ; pour la viande, tu fais pareil. La graisse fait briller le légume bouilli, c'est plus beau. Nous, beau ou pas, ça va dans le ventre. Mais nos patrons sont différents. Ensuite, quand c'est cuit, tu répartis dans deux assiettes ; n'oublie pas d'en garder pour nous.

SOUPE AU SÉSAME

Scénario pour 6 personnes
Préparation : 60 minutes
Cuisson : 15 minutes

- *5 champignons chinois séchés*
- *50 g de nouilles de riz séchées*
- *200 g de blanc de poulet cuit haché*
- *2 cuillerées à café d'huile de sésame*
- *1 cuillérée à café de gimgembre frais, râpé*
- *250 g de pousses de bambou émincées, en boîte*
- *1 cuillerée à soupe de sauce de soja*
- *2 oignons nouveaux, finement émincés*
- *1 l de bouillon de volaille*
- *1 cuillerée à soupe de maïzena*
- *100 ml d'eau*
- *1 œuf battu*
- *1 cuillerée à soupe de vinaigre*

Dans deux récipients différents, remplis d'eau chaude, laissez tremper les nouilles et les champignons pendant 30 minutes. Émincez les champignons et coupez les nouilles en trois. Faites bouillir le bouillon dans une casserole, ajoutez les champignons, les nouilles, le poulet, le gingembre et les pousses de bambou.
Baissez le feu et laissez frémir.
Dans un bol, délayez la maïzena dans un peu d'eau et ajoutez-la à la soupe en remuant bien. Plongez l'œuf battu tout en remuant. Retirez la casserole du feu. Ajoutez le soja, le vinaigre, l'oignon nouveau et l'huile de sésame. Salez et poivrez.

IN THE MOOD FOR LOVE

Taïwan. 2000

Réalisation : Wong Kar-wai
Interprètes : Tony Leung Chiu way (Chow Mo-wan), Maggie Cheung (Su Li-Zhen), Ping Lam siu (Ah Ping).

LE RÉSUMÉ

Chow est le rédacteur en chef d'un journal de Hong Kong. Il emménage dans un nouvel appartement et y fait la connaissance de Su Li-Zen, une secrétaire, qui elle aussi emménage le même jour, dans le même immeuble et sur le même palier.
Cette amusante coïncidence en entraîne une autre. Chow et Su Li-Zen, qui sont tous les deux mariés, s'installent sans l'aide de leurs conjoints. Petit à petit une amitié, pleine de complicité, se noue. Ils passent de longues heures ensemble, à table, et vont même, au cours d'un dîner en tête-à-tête, découvrir l'incroyable vérité : leurs époux respectifs badinent ensemble. Malgré cette situation, propice à tous les moments d'égarements, et la tendresse qu'ils se vouent, ils ne s'avoueront jamais ouvertement leur amour et cette liaison restera à jamais platonique.

LA SCÈNE

Ping, confident et ami de Chow, qui a également des vues sur Su Li-Zhen, vient voir celle-ci, à son domicile. Dans la conversation, il lui apprend que Chow est souffrant. Elle lui propose alors de préparer une petite collation à Chow. Mais Ping lui explique que son ami n'a pas d'appétit et qu'il se contentera d'une petite soupe au sésame qu'il a promis de lui ramener. Il n'en faut pas plus pour que Su Li-Zhen se mette aux fourneaux et prépare une bassine de soupe de sésame.

SOUPE D'HUÎTRES

Scénario pour 4 personnes
Préparation : 15 minutes
Cuisson : 15 minutes

- *2 douzaines d'huîtres*
- *2 pommes de terre*
- *du persil*
- *du thym*
- *1 échalote*
- *5 cl de crème fraîche*
- *sel*
- *poivre*

Ouvrez les huîtres. Récupérez l'eau et filtrez-la. Pochez les huîtres 4 minutes dans celle-ci.
Cuisez les pommes de terre dans un demi-litre d'eau salée.
Épluchez-les et coupez-les en morceaux.
Ajoutez l'échalote hachée, le persil et le thym.
Mixez-les dans leur eau de cuisson après avoir enlevé la branche de thym.
Ajoutez les huîtres, leur eau et la crème fraîche. Poivrez.

LE FESTIN DE BABETTE

Babettes Gaestebud. Danemark. 1986

Réalisation : Gabriel Axel
Interprètes : Stéphane Audran (Babette), Jean-Philippe Lafont (Achille Papin).

LE RÉSUMÉ

Babette, une cuisinière française qui a fui la répression contre les communards, trouve refuge dans un petit village du Jylland, au Danemark. Elle entre au service de deux vieilles filles de pasteur, du genre rigides. Babette coule alors des jours paisibles, dans ce milieu austère, bercée par le vent froid de la mer... C'est beau... C'est très calme... Mais Babette gagne un jour le gros lot de la loterie danoise. N'écoutant que son cœur et se rappelant qu'à Paris elle avait été un grand chef, elle prend l'oseille et décide de réchauffer l'ambiance de cette communauté quelque peu rigoriste. Elle organise alors un repas fastueux qui va changer, pour un moment, les principes et la vision de la vie des villageois. Un banquet qui restera à jamais gravé dans les mémoires.

LA SCÈNE

En cuisine, elle prépare méthodiquement le repas en mettant tout son amour dans l'art des mets. Le menu de ce festin se compose d'une soupe d'huîtres, de cailles en sarcophage et de galettes Demidoff. Le tout arrosé comme il se doit d'un clos Vougeot.

SPAGHETTIS À LA TOMATE

Scénario pour 4 personnes
Préparation : 15 minutes
Cuisson : 15 minutes

- *500 g de pâtes*
- *2 cuillerées à soupe d'huile d'olive*
- *1 oignon rouge finement haché*
- *2 boîtes de tomates entières pelées*
- *3 cuillerées à soupe de basilic frais émincé*
- *100 g de parmesan frais râpé*

Chauffez l'huile d'olive dans une grande poêle. Faites revenir, à feu moyen, l'oignon émincé. Ajoutez les tomates hachées et laissez mijoter pendant 8 minutes, jusqu'à réduction de la sauce. Salez et poivrez.
Pendant ce temps, faites cuire les pâtes à l'eau bouillante salée jusqu'à ce qu'elles soient *al dente*. Égouttez-les.
Incorporez le basilic à la sauce et laissez cuire encore deux minutes.
Versez la sauce sur les pâtes chaudes et remuez doucement. Servez tout de suite, après avoir saupoudré sur chaque assiette un peu de parmesan.

LES 102 DALMATIENS

USA. 2000
Réalisation : Kévin Lima
Interprètes : Glenn Close (Cruella De Vill), Gérard Depardieu (Jean-Pierre Le Pelt), Ioan Gruffudd (Kévin Sheperd), Alice Evans (Chloé Simon).

LE RÉSUMÉ

Après une petite thérapie comportementaliste, Cruella De Vil est libérée de prison.
Tout semble indiquer qu'elle a complètement changé. Elle va même jusqu'à se dévouer à la cause animale et en particulier aux canidés, en créant un refuge pour eux.
Elle se lie même d'amitié avec Chloé, son juge de tutelle, qui est l'heureuse propriétaire d'une famille de dalmatiens. Mais le son de la cloche de Big Ben renverse cette situation et annule le traitement. Cruella retrouve bien vite sa vraie nature. Elle se sert alors de Chloé et de Kévin pour se faire fabriquer le manteau de ses rêves en peau de dalmatien, par le grand couturier français Jean-Pierre Le Pelt.

LA SCÈNE

Dans l'une des scènes de ce film *made in* Disney, Chloé et Kévin, qui se sont entichés l'un de l'autre, déjeunent en tête-à-tête.
En hommage à la maison-mère et au film *La Belle et le Clochard*, ils revisitent pour nous la célèbre scène des spaghettis à la tomate qui vont de bouche en bouche.

SPAGHETTIS AUX BOULETTES DE VIANDE

Scénario pour 4 personnes
Préparation : 35 minutes
Cuisson : 35 minutes

- *750 g de porc et de veau, ou de bœuf haché*
- *4 saucisses fraîches italiennes*
- *des miettes de pain*
- *150 g de parmesan fraîchement râpé*
- *1 oignon finement haché*
- *2 cuillerées à soupe de persil frais haché*
- *1 œuf battu*
- *1 gousse d'ail écrasée*
- *1 zeste de citron et le jus d'un demi-citron*
- *30 g de farine*
- *2 cuillerées à soupe d'huile d'olive*
- *500 g de spaghettis*
- *425 g de purée de tomates en boîte*
- *125 ml de bouillon de bœuf*
- *125 ml de vin rouge*
- *2 cuillerées à soupe de basilic frais haché*
- *sel*
- *poivre*

Dans une grande terrine, mélangez la viande hachée, les miettes de pain, le parmesan, l'oignon, le persil, l'œuf, l'ail et le zeste de citron ainsi que le jus.
Salez, poivrez. Façonnez des boulettes et roulez-les dans la farine. Chauffez l'huile dans une grande poêle et faites dorer les boulettes. Retirez-les de la poêle et posez-les sur un papier absorbant. Videz la poêle de son huile et versez-y la purée de tomates, le bouillon, le vin, le basilic et l'ail. Ajoutez du sel, du poivre. Portez à ébullition. Baissez le feu, remettez les boulettes de viande dans la poêle ainsi que les saucisses hachées.
Laissez mijoter 10 à 15 minutes.
Pendant que la viande et la sauce mijotent, cuire les pâtes à l'eau bouillante salée jusqu'à ce qu'elles soient *al dente*. Égouttez-les et servez-les accompagnées des boulettes de viande nappées de sauce.

LE PARRAIN

The Godfather. USA. 1972

Réalisation : Francis Ford Coppola

Interprètes : Marlon Brando (don Corleone), Al Pacino (Mike Corleone), James Caan (Sonny Corleone), Robert Duvall (Tom Hagen), Richard Conte (Barzini).

LE RÉSUMÉ

Don Corleone est un des grands pontes de la Mafia. Il refuse de se lancer dans le trafic de drogue, se mettant à dos les autres familles de mafiosi. Le soir de Noël, il est grièvement blessé dans un attentat. Son fils Michael, qui avait jusque-là refusé de se mouiller dans les affaires de son père, va prendre sa succession et le venger en abattant tous ses rivaux. À la mort de don Corleone, il deviendra le nouveau parrain.

LA SCÈNE

Michael, son frère Sonny et quelques porte-flingues de la famille sont réunis pour établir un plan d'action des représailles. Pit, un homme de main de Sonny, prépare une petite collation et décide d'affranchir le futur parrain.

Pit :

- Tiens, viens donc que je t'apprenne un truc... On sait jamais, un jour, y faudra peut-être que tu fasses la tambouille. Tiens, regarde !

Il exécute la recette en la commentant à Michael. Des spaghettis à la tomate aux boulettes de viande et aux saucisses.

- D'abord, tu verses une petite goûte d'huile... Tu fais frire une petite pointe d'ail... Tu rajoutes deux ou trois belles tomates... Après tu verses le coulis... Tu fais revenir... mais sans que ça attache... hein... T'attends que ça bouille... Tu rajoutes les saucisses, puis les boulettes de viande... ensuite un peu de vin... un peu de sucre en poudre et voilà le travail.

TARTE À LA NOIX DE PÉCAN

Scénario pour 6 personnes
Préparation : 20 minutes
Cuisson : 55 minutes

- *350 g de pâte brisée*
- *3 œufs*
- *100 g de sucre roux*
- *180 cl de sirop d'érable*
- *1 cuillerée à soupe de bourbon*
- *1 cuillerée à soupe d'extrait de vanille*
- *1/4 de cuillerée à café de sel*
- *75 g de beurre fondu*
- *170 g de cerneaux de noix de pécan.*

Dans un bol, battez tous les ingrédients sauf les noix. Étendez la pâte dans le plat à tarte. Versez-y le mélange. Disposez les noix en cercle. Enfoncez-les bien. Mettez cette tarte 10 minutes dans un four préchauffé à 200 °C (th. 8) et réduisez à 160 °C (th. 6). Laissez cuire 45 minutes. La pointe du couteau enfoncée dans la tarte doit sortir sèche.

COUPS DE FEU SUR BROADWAY

Bullets over Broadway. USA. 1994

Réalisation : Woody Allen

Interprètes : John Cusack (David), Diana Wiest (Helen), Joe Viterelli (Nick), Jim Broadbent (Warner).

LE RÉSUMÉ

David Shayne, un jeune auteur sans le sou, n'a d'autre choix que de faire financer sa première pièce de théâtre par Nick Valentin, un pape de la Mafia. En échange de son concours, le malfaisant impose Olive Neal, sa petite amie, une vulgaire meneuse de revue qu'il voit déjà en grande actrice.
Entre comédiens ratés, vieilles stars sur le retour et mafioso intello, notre jeune théâtreux va, non sans mal, amener sa troupe jusqu'à la première, qui sera un vrai succès.

LA SCÈNE

Dans cette troupe de voix cassées, l'un des comédiens, Warner Purcell, est réputé pour sa boulimie. Il passe son temps à dévorer pour compenser son trac. Ne sachant résister ni aux plaisirs de la table ni à ceux de la chair, le coquin s'entiche de la protégée du caïd. Mais Cheech, principal homme de main du gangster, apprend la chose et menace de le tuer s'il ne met pas rapidement fin à cette liaison. En bon couard qu'il est, il se réfugie, la peur au ventre, dans un restaurant pour essayer d'évacuer son stress. Là, il engloutit des côtes de porc, une belle assiette de patates et une savoureuse tarte à la noix de pécan.

TARTE AUX PRUNES

Scénario pour 6 personnes
Préparation : 20 minutes
Cuisson : 30 minutes

- *500 g de pâte feuilletée*
- *1 kg de prunes dénoyautées*
- *100 g de confiture de prunes*
- *un petit morceau de beurre*

Étalez la pâte feuilletée dans un moule à tarte beurré. Faites-la cuire 15 minutes avec des haricots secs dans le fond.

Pendant ce temps, faites pocher les prunes dans un sirop.

Lorsque la pâte est cuite, sortez-la du four.

Enlevez les haricots secs.

Garnissez-la avec les prunes et nappez le tout d'un peu de confiture de prunes.

Faites cuire à four moyen 15 minutes.

BANANAS

USA. 1971

Réalisation : Woody Allen
Interprètes : Woody Allen (Fielding Mellish), Louise Lasser (Nancy). Carlos Montalban (le général Vargas).

LE RÉSUMÉ

Fielding Mellish, par amour pour Nancy, se rend à San Marcos pour aider les révolutionnaires qui luttent contre le général Vargas, un dictateur qui a pris le pouvoir dans le pays. Mais, comme rien n'est simple dans les films de Woody Allen, Fielding n'arrête pas de faire des bourdes, quand il n'est pas carrément dépassé par les événements. De retour au pays, c'est une véritable chasse aux sorcières qui s'engage contre lui. Le FBI et la CIA sont après lui. Il devient illustre et finit par épouser Nancy, sa muse révolutionnaire.

LA SCÈNE

Fielding est invité à dîner chez Vargas, le président dictateur. Il arrive avec une petite pâtisserie à la main.

Vargas :
- Ah ! senior Fielding... Voici le colonel Dias et le lieutenant Roves... Senior Fielding, c'est pour moi un grand plaisir de rencontrer un intellectuel américain avec qui parler des grands problèmes politiques actuels... et de l'opinion...

Fielding :
- Euh ! je vous ai apporté un petit gâteau...

Vargas ouvre le petit paquet que lui tend Fielding.

Vargas :
- Il ne fallait pas... Une tarte aux prunes... J'ai horreur de ça !

Fielding :
- Oh ! ils accepteront de la changer, ils sont très aimables...

TARTELETTES AMANDINES

Scénario pour 10 tartelettes
Préparation : 20 minutes
Cuisson : 13 minutes

- *500 g de pâte brisée*
- *250 g d'amandes pilées*
- *1 jaune d'œuf battu*
- *10 cl de confiture d'abricot*

Garnissez les moules beurrés avec la pâte brisée. Saupoudrez les fonds d'amandes pilées.
Formez des petites bandes avec les rognures de pâte que vous disposerez en quadrillage sur les amandes.
Badigeonnez les bordures et bandelettes avec le jaune d'œuf battu.
Faite cuire à four chaud pendant 13 minutes.
Lorsque les tartelettes sont cuites, nappez-les de confiture.

CYRANO DE BERGERAC

France. 1990

Réalisation : Jean-Paul Rappeneau
Interprètes : Gérard Depardieu (Cyrano), Anne Brochet (Roxane), Vincent Perez (Christian), Jacques Weber (comte de Guiche).

LE RÉSUMÉ

Cyrano et Christian aiment Roxane. Le premier n'a pas été gâté par la nature et possède un appendice nasal considérable, mais il a la verve facile et plaisante. L'autre est séduisant, mais s'exprime avec emphase. Cyrano prêtera son éloquence et sa faconde au bellâtre qui séduira la belle. Certainement la plus intéressante adaptation de la pièce d'Edmond Rostand. Les personnages prennent un relief nouveau et beaucoup de panache.

LA SCÈNE

Cyrano a rendez-vous avec Roxane pour lui parler de l'amour que lui porte Christian. Ils doivent se rencontrer, en cachette, dans l'arrière-boutique du pâtissier Ragueneau. Un « faiseur de pain à chanter » qui aime les belles lettres et qui s'adresse, en vers, à ses commis. Dans un élan poétique, il leur déclame la recette des tartelettes amandines.

Ragueneau :
– Battez, pour qu'ils soient mousseux,
Quelques œufs ;
Incorporez à leur mousse
Un jus de cédrat choisi ;
Versez-y
Un bon lait d'amandes douces ;

Mettez de la pâte à flan
Dans le flanc
Des moules à tartelettes ;
D'un doigt preste, abricotez
Les côtés ;
Versez goutte à gouttelette

Votre mousse en ces puits, puis
Que ces puits
Passent au four, et, blondines,
Sortant en gais troupelets,
Ce sont les
Tartelettes amandines !

(Texte : Edmond Rostand)

TERRINE DE POIREAUX

Scénario pour 4 personnes
Préparation : 30 minutes
Cuisson : 15 minutes

- *1 kg de poireaux*
- *300 g de chèvre frais*
- *15 cl de crème liquide*
- *1 sachet de gelée en poudre Maggi*
- *4 branches d'estragon*
- *3 tomates*
- *2 cuillerées à soupe de vinaigre de vin à l'ancienne*
- *4 cuillerées à soupe d'huile d'olive*
- *3 échalotes*
- *1 cuillerée à soupe de coriandre moulue*
- *sel*
- *poivre*

Lavez, épluchez les poireaux et coupez-les tous de la même longueur. Faites-les cuire 10 minutes dans de l'eau bouillante salée. Égouttez.
Délayez la gelée dans un demi-litre d'eau de cuisson des poireaux. Ajoutez une branche d'estragon et portez à ébullition.
Fouettez le fromage de chèvre avec la crème liquide, incorporez le restant d'estragon ciselé, poivrez fortement.
Dans une terrine, versez un peu de gelée froide, disposez les poireaux.
Recouvrez de chèvre,
puis à nouveau, déposez une nouvelle couche de poireaux.
Versez le restant de gelée et laissez reposer la terrine au réfrigérateur 4 heures.
Pour la sauce, épépinez puis hachez les tomates.
Mélangez la pulpe avec les échalotes hachées, le vinaigre, l'huile, le sel, le poivre et la coriandre.

CUISINE AMÉRICAINE

France. 1998

Réalisation : Jean-Yves Pitoun
Interprètes : Eddy Mitchell (Louis Boyer), Irène Jacob (Gabrielle Boyer), Jason Lee (Loren Collins dit Nouillorque), Isabelle Petitjacques (Carole).

LE RÉSUMÉ

Louis Boyer, un chef français quelque peu atrabilaire mais génial en cuisine, embauche un jeune Américain, doué pour la popote, qu'il surnomme Nouillorque. Peu à peu, notre marmiton gagne la confiance et l'amitié du grand chef, dont il va épouser la fille et sauver la gargote. Dans ce premier film de Jean-Yves Pitoun, M. Eddy laisse tomber pour un instant sa panoplie de chanteur crooner pour le piano et la batterie de casseroles d'un grand restaurateur. Il endosse la toque d'un chef irascible et, qui plus est, exigeant propriétaire d'un trois-étoiles Michelin. Une fine et grande gueule qui terrorise sa troupe des hauts fourneaux et les critiques gastronomiques qui viennent goûter sa cuisine.
Les mets raffinés de cet opéra bouffe ont été orchestrés par les plus grands chefs de France. Bernard Loiseau, Guy Savoy, Paul Bocuse, Jean Bardet ont prêté leur concours à ce film, où la cuisine fait son cinéma. Le décor représentant la cuisine de notre maître queux a même été copié sur la véritable cuisine de la *Côte d'Or*, le restaurant de Bernard Loiseau.

LA SCÈNE

On retrouve Louis Boyer en cuisine, il annonce les commandes à ses tournebroches qui devront les préparer en quatrième vitesse. Il « soigne » tout particulièrement son petit nouveau, Nouillorque, et rend hommage à l'adage : « Qui aime bien châtie bien ! »

Louis Boyer :
- Une côte de veau... Et pour Nouillorque, un carré d'agneau saignant et une côte de bœuf bleue. Feu ! Deux salades de homard, une terrine de poircaux, une huître au caviar et deux oursins à la coque.

Louis Boyer :
- Et tu me fais les saint-jacques.
Une cuisinière :
- Mais c'est moi qui m'occupe des saint-jacques.
Louis Boyer (autoritaire) :
- C'est lui… j'ai dit ! Pour Nouillorque, un râble au basilic, un bar en papillote, deux saint-jacques… Et deux ris de veau pour… Neeeeew Yooooork !

Nouillorque :
- Il est toujours comme ça avec les nouveaux ?
Un cuisinier :
- Non, toi, t'as un traitement de faveur, y doit bien t'aimer !

TORTILLA

Scénario pour 6 personnes
Préparation : 10 minutes
Cuisson : 15 minutes

- *3 grosses pommes de terre*
- *3 oignons moyens*
- *12 œufs*
- *5 cuillerées à soupe d'huile d'olive*
- *sel*
- *poivre*

Épluchez les pommes de terre, lavez-les et coupez-les en rondelles. Pelez et hachez les oignons, faites-les blondir dans une poêle avec l'huile d'olive, augmentez le feu et ajoutez les pommes de terre. Faites-les sauter 10 minutes, à feu moyen.

Cassez les œufs dans une terrine et battez-les en omelette. Ajoutez les oignons et les pommes de terre, sans essuyer la poêle. Salez, poivrez, mélangez bien le tout.

Versez le tout ensemble dans la poêle, en le répartissant bien, laissez cuire jusqu'à ce que les bords de l'omelette soient pris et le dessous doré.

Retournez l'omelette, faites-la dorer rapidement sur l'autre face. La surface doit être bien saisie ; l'intérieur, moelleux. Faites-la glisser sur un plat de service.

JAMBON, JAMBON

Jamón Jamón. Espagne. 1992

Réalisation : Bigas Luna
Interprètes : Stefania Sandrelli (Conchita), Anna Galiena (Carmen), Pénélope Cruz (Sylvia), Jordi Mollà (Jose Louis), Javier Bardem (Raul).

LE RÉSUMÉ

Jose Luis, le fils de Conchita, une riche industrielle, aime Sylvia, la fille de Carmen, une tenancière de maison de tolérance. Jose Luis veut épouser Sylvia, qui est enceinte. Mais Conchita ne voit pas d'un bon œil ce mariage avec une moins-que-rien. Alors Conchita paie Raul, un magasinier de son entreprise, beau gosse, pour séduire Sylvia. Et ça marche ! Sylvia largue Jose Luis pour les bras de son beau musclé. Entre-temps Conchita craque pour Raul. C'est alors que Jose Luis les surprend et se bat avec Raul qui le tue. Une fin tragique et shakespearienne pour un vaudeville à la mode hispanique.

LA SCÈNE

Raul et Sylvia sont sur une petite colline. Ils s'apprêtent à faire l'amour. Raul embrasse goulûment les seins de la belle et visiblement il y prend beaucoup de plaisir.

Sylvia :
- Pourquoi tu aimes tant manger mes seins ?

Raul :
- J'aime leur goût.

Sylvia :
- Quel goût ?

Raul :
- Je ne sais pas... Un goût de tortilla... aux pommes de terre et aux oignons ! Ce serait génial, un sein au goût de tortilla et l'autre au goût de jambon...

INDEX DES FILMS

INDEX DES PLATS

TABLE DES RECETTES

Crédits photographiques :
© Cinéstar : pages 7, 15, 19, 21, 41, 57, 67, 80, 83, 87, 89.
© Coll. Noël / O. Médias : pages 77, 95, 99.
© Archives du 7e art : page 85.
© Philippe Quaisse : page 45.

Imprimé en France par Pollina, 85400 Luçon - n° L84635
Compogravure : Facompo, LISIEUX.